Cornelia Schwenkenbecher

Der Tod der Meerjungfrau

Cornelia Schwenkenbecher

Der Tod der Meerjungfrau

und fünfunddreißig weitere Fälle

Bild und Heimat

Von Cornelia und Jürgen Schwenkenbecher liegt bei Bild und Heimat außerdem vor:

***Mord am Pferdemädchen** und zwölf weitere Verbrechen* (2017)

ISBN 978-3-95958-290-2

1. Auflage dieser Ausgabe

Umschlaggestaltung: capa
Umschlagabbildung: Chris Keller / bobsairport
Druck und Bindung: CPI Moravia Books s. r. o.

SUPERillu

In Kooperation mit der SUPERillu
www.superillu-shop.de

Inhalt

1. Grün, Rot, Tiefschwarz 7
2. Ernte aus dem Freiland 12
3. Nicht mit mir! 17
4. Wer weiß schon, was so ein Baby trinkt? 23
5. Das ist ein Ba-Ba-Banküberfall! 29
6. »So ein Impuls« 34
7. Identitätsklau 40
8. Die Pflicht vor dem Schuss 45
9. Explosionsgefahr 51
10. Verfolgungsjagd am Wannsee 56
11. Sterben und sterben lassen 61
12. »Was habe ich dir getan?« 66
13. Hinter der Maske 71
14. Unser Ein und Alles 77
15. Ein letztes Smiley 81
16. Flasche vom Balkon 87
17. Tröööööt! 93
18. Der falsche Doktor 99
19. Achtundsiebzig Messerstiche 105
20. Gute Steffi, böse Steffi 112
21. Hier spricht die Polizei! 118
22. Schlachtorgie oder Statement? 124
23. Maurice 129
24. Vergessen all die schönen Künste! 135
25. Nachts heulte er 140
26. Nur weg … 145
27. »Danke dir!« 150
28. Ein Haus voller Schätze 157
29. Eigentlich kein Paddelwetter 164
30. Eine harte Lektion 169
31. Der Tod der Meerjungfrau 175
32. Heiß, viel zu heiß 182
33. Und dann lag da diese Geige 188
34. Die Angst bleibt 193
35. Die Achtundzwanzigste Verordnung 198
36. Reine Geldverschwendung 204

1. Grün, Rot, Tiefschwarz

Ein Kind stirbt im Straßenverkehr. Kann ein Urteil daran etwas ändern, eine Strafe »gerecht« sein?

Jedes Urteil, das dieser so ruhige, so interessierte Richter gleich gegen den Angeklagten verhängen wird, provoziert Fragen. Die großen und ungeklärten Fragen. Was ist ein Leben wert? Kann Strafe Leid lindern? Gibt es Gerechtigkeit? Die konkreten, auf den Fall bezogenen, die sich manchmal auch nicht leichter beantworten lassen: Wen trifft hier wirklich Schuld? Ist das Alltag? War es eine tragische Verkettung unglücklicher Umstände? Hätte es auch mir passieren können?

Am 19. Oktober, einem freundlichen Donnerstag im Herbst 2017, stirbt ein Kind im Straßenverkehr. Ein vierjähriger Junge, Alexandre, der mit seiner Mama gerade aus dem Supermarkt kommt. Er ist ungeduldig, hopst, will nach Hause spielen. Die Mutter trägt eine vollgepackte Tüte, mit der anderen Hand rollt sie einen Einkaufstrolley. Bis zur Mittelinsel der Straße haben es die beiden in einem Pulk anderer Fußgänger gerade so geschafft. Ihre Ampel springt auf Rot. Rechts von ihnen stauen sich jede Menge Fahrzeuge, denen das grüne Lichtsignal in diesem Moment allerdings auch nicht weiterhilft. Sie kommen einfach nicht voran, alles ist verstopft. Sie stehen und müssen sich in Geduld üben. Auf dieser Verkehrsachse kommt das häufig vor.

Ein junger Autofahrer im Stau verliert die Geduld. Er sieht ja schon sein Ziel vor sich, das Fitnessstudio, dessen Einfahrt keine hundert Meter mehr entfernt ist. Er schaut in den Rückspiegel, sieht die Busspur neben sich frei, gibt Gas und schert aus dem Pulk aus. Klar, erlaubt ist das nicht, das weiß Artur L., aber für dieses kurze Stück muss es mal so gehen.

Es geht nicht. Im Bruchteil einer Sekunde registriert er eine Bewegung, ein Kind, das für ihn völlig überraschend aus der Front der wartenden Autos auftaucht. Artur L. reißt das Lenkrad herum, streift den Bordstein, tritt instinktiv und mit voller Kraft auf die Bremse, aber es knallt. Er trifft das Kind. Es stürzt. Der junge Mann springt, kaum, dass sein BMW schräg zum Stehen gekommen ist, aus dem Wagen, rennt auf das Kind zu. Eine Frau versucht gerade, es aufzuheben. Er fällt vor ihr auf die Knie, heult, barmt, ruft Gott an und um Hilfe. Er zittert am ganzen Körper. Ein Passant hockt sich zu ihm. Die verzweifelten Schreie der Mutter des Kindes hört er seitdem jeden Tag.

Der vierjährige Alexandre stirbt zwei lange Wochen später im Krankenhaus an den schweren Kopfverletzungen. Der Seitenspiegel des BMW traf ihn mit voller Wucht. Der Obduktionsbericht beschreibt Frakturen, ein schweres Schädel-Hirn-Trauma, Ödeme, zerrissene Hirnhäute. Gegen die Mutter wird später ermittelt, ob sie ihre Aufsichtspflicht verletzte, weil sie den Kleinen nicht an der Hand hielt, sondern ihn allein laufen ließ in einer solch gefährlichen, unübersichtlichen Situation, die ein Kind niemals überblicken kann. Aber kann es für sie Schlimmeres geben als diesen Tod? Schuld, Mitschuld, Unschuld, welchen Sinn machen jetzt solche Kategorien? Der Schmerz, den kleinen Sohn nicht beschützt zu haben, färbt ihre Welt tiefschwarz.

Vor Gericht wird die Mutter nicht angehört. Andere Fußgänger, die an jenem Morgen mit auf der Insel am Überweg standen, müssen sich erinnern. Das verlangt der Richter von ihnen, denn anders kann er sich kein Bild machen. Eine junge Frau beschimpft ihn dafür. »Fragen Sie doch nicht immer wieder das Gleiche. Was soll das? Es ist alles sonnenklar, Sie …« Mit Mühe verkneift sie sich die Vollendung des Satzes und schnauft verächtlich etwas Unverständliches. Aber die Zeugin steht zu ihrer Aussage: »Der da« – sie schleudert ihren Arm, als wolle sie die Angeklagten mit ihrem Zorn wie mit einem Blitz treffen – »der da hat den Zwerg einfach totgebrettert. Genau das: Tot-ge-bret-tert!«

Weniger aufgebracht, aber in der Sache ähnlich schildern auch weitere Augenzeugen den Unfall: Als alle anderen Autos wegen des Staus standen, fuhr ein BMW rechts auf die Busspur, er beschleunigte und erfasste das Kind. Wie schnell der Fahrer gewesen sein mag, das können sie nicht einschätzen.

Das Gericht zieht einen Verkehrsexperten hinzu. Es gibt Videoaufzeichnungen einer Dashcam, die den Unfall im Rückspiegel festhielt. Der Gutachter hat diese Aufnahmen wieder und wieder geprüft, in Einzelbilder zerlegt, Messungen abgeleitet und Tests vollzogen, die ähnliche Verhältnisse simulieren. Er ist sich seiner Sache nun ganz sicher und erklärt detailliert, dass der

Unfallfahrer mit einer Geschwindigkeit von mindestens 66 km/h in jenem Moment auf den Zebrastreifen zufuhr, als das Kind an sein Auto prallte. »Und das ist schon zugunsten des Angeklagten berechnet«, ergänzt er, um zu weiteren Erläuterungen anzusetzen, unter welchen Bedingungen der Wert sogar noch höher gelegen haben könnte.

Artur L., vierundzwanzig Jahre alt inzwischen, Architekturstudent im letzten Semester, räumt ein, dass er ungeduldig war und ausscherte. »Aber es war doch nur so ein kurzes Stück – wie soll ich da 70 oder 75 km/h gefahren sein? Ganz schrecklich ist das trotzdem alles.« Er sieht seinen größten Fehler darin, die Busspur genutzt zu haben. Das Gericht und der Verkehrsgutachter bewerten das anders. Das Nutzen der Busspur sei zwar nicht erlaubt und eine Ordnungswidrigkeit, strafrechtlich relevant allerdings sei zunächst die Geschwindigkeit, mit der er sein Auto in dieser schwierigen Situation fortbewegte. War sie angemessen? Konnte er ausschließen, dass er eine Gefahr für andere heraufbeschwor? Musste er einkalkulieren, dass ein Fußgänger, den er nicht sehen konnte, gesetzwidrig bei Rot vor sein Auto läuft? Besaß er genug Übersicht? Solche Fragen werden von Gerichten durchaus kontrovers diskutiert.

Also will der Richter zunächst klären, was passiert wäre, hätte sich Artur L. an die an dieser Stelle vorgeschriebene Höchstgeschwindigkeit gehalten. Hätte er den Unfall damit vermieden? Nein, sagt der Gutachter. Auch jedes Taxi, jeder Bus, der in jener Spur mit erlaubten 50 km/h unterwegs gewesen wäre, hätte das Kind erfasst. In der konkreten Situation zu vermeiden gewesen wäre der Aufprall nur bei deutlich langsamerer Fahrt, bei »unter 28 km/h« rechnet der Experte vor.

Hier hakt der Verteidiger ein, der einen Freispruch für seinen jungen Mandanten beantragt: »Er hätte dort Tempo 50 fahren dürfen. Artur L. ist kein Ku'damm-Raser, keiner, der sorglos und ohne Rücksicht am Verkehr teilnimmt. Er besitzt seinen Führerschein seit sechs Jahren, erhielt nie einen Eintrag.« Und er fragt, ob man nicht auch als Autofahrer darauf vertrauen dürfe, dass sich Fußgänger an das Gebot der roten Ampel halten würden – bei aller Sorgfaltspflicht. »Wo sind denn sonst die Grenzen?«

Das Landgericht ist bereits die zweite Instanz, die sich mit Alexandres Tod befasst. Ein erstes Urteil im Sommer lautete auf zweihundert Euro Geldstrafe – vierzig Tagessätze à fünf Euro, da der Student noch bei seinen Eltern lebt und kein eigenes Einkommen hat. Der damalige Richter sah eine Mitschuld der Mutter am Unglück. In den Leserkommentaren der örtlichen Zeitungen entbrannte ob der »Milde« ein heftiger Disput, der Staatsanwalt legte sein Veto ein.

Nun, in der Berufungsverhandlung, entscheidet das Gericht anders: »Die Schuld der Mutter ziehen wir hier nicht ab.« Das neue Urteil droht ihm sechs Monate Haft an. Sein Verteidiger protestiert. Artur L. sagt, dass er den Unfall immer im Kopf habe und seitdem am liebsten ganz auf das Autofahren verzichten würde, nur Bus oder Bahn nutzen möchte. »Aber ist das real?«

2. Ernte aus dem Freiland

»Wer zu dritt eine unter Strafe gestellte Handlung plant und begeht, handelt als Bande.« So sieht es das Gesetz hierzulande. Und drei Leute sind schnell beieinander.

Allzu lange hält sich Jacob P. nicht mit Ausflüchten auf. Und die Medizingeschichte, in der die Wirkstoffe der schönen grünen Hanfpflanze »Cannabis sativa« über Jahrtausende hinweg immer wieder als ebenso rituelles wie universales Heilmittel verehrt wurden und werden, bemüht er schon gar nicht.

Überhaupt ist der massige Mann, der den Schweriner Gerichtssaal zur Urteilsverkündung in schlabbrigen Jogginghosen und eher schleppend betritt, kein Freund großer Worte. Der vorsichtige, langsame Gang ist seinen Fußfesseln geschuldet, mit denen er aus der JVA vorgeführt wird und die jede schnelle Bewegung bremsen. Seine Profession beschreibt er als »Landwirt«, sein Temperament als das eines Menschen, der »vor allem das Bodenständige mag«.

Nein, ein Heilsbringer wollte er nicht sein, aber er hatte einen Traum und er wollte gut leben von diesem wundersamen Stoff, den die Natur hergibt und den er in seiner Heimat, den Niederlanden, zu schätzen gelernt hatte. »Da bekommt man alles, was man für eine professionelle Aufzucht der Pflanze braucht, problemlos im Baumarkt, also holte ich es dort«, lässt er seinen Anwalt berichten. Über ihn gibt Jacob P. auch zu, dass er wusste, dass der Anbau von Hanf ebenso wie der Besitz und der Verkauf von daraus hergestellten Drogen wie Marihuana in Deutschland illegal sind. Das Risiko nahm er in Kauf.

Dass er fast seine gesamte Familie mit in den florierenden Handel verstrickte, das tue ihm heute »unendlich leid, das wollte ich nicht«. Aber nun steht die Bande vor Gericht: drei oder mehr Leute, die sich zusammengeschlossen hatten, um Unrecht zu tun. Eine Familien-Bande gewissermaßen. Bandenstrafen fallen schon von Gesetzes wegen deutlich höher aus als die für einzelne Täter.

Und drei oder mehr Leute, das waren sie, die P.s, die in verschiedenen Momenten der Drogenverwertungskette aktiv wurden: Jacob, der Vater, 54, Susanne, seine Ehefrau und Mutter der gemeinsamen Kinder, 53, sowie Arian, einer der Söhne, 31, und Nadine, die Tochter, 34. Vater und Sohn legten die Plantagen an und verarbeiteten die betörenden Blüten zu Marihuana-Paketen, die sie einem Zwischenhändler, ihrem Nachbarn, verkauften. Je professioneller sie züchteten und je höher der THC-Gehalt des Stoffes stieg, desto teurer wurden die Pakete. Anfangs gaben sie ihre Drogen für zweitausendfünfhundert Euro je Kilo her, später verdoppelte sich der Preis.

Ein Drei-Jahre-Zeitraum ist diesmal angeklagt. Und dieses »diesmal« beschreibt, dass die von 2013 bis 2016 nahe Ludwigslust betriebene Hanfplantage auf ihrem Bauernhof eine Vor- und eine Nachgeschichte hat. Jacob P. räumt ein, dass er schon 2010 den Acker anlegte und erste Drogen verkaufte. Damals, als er das Gehöft im ostdeutschen Norden erwarb. Er zog mit seiner Frau und den Kindern nach Mecklenburg, weil sie sich hier verwirklichen wollten: einen Reiterhof aufbauen und Pferde züchten. Sie hatten Erfolg damit und freuten sich über die Anerkennung.

Aber die Pferdezucht ist ein kostspieliges Gewerbe, bis es sich irgendwann einmal rentiert. Also mussten andere Einkünfte her. Vater Jacob will nun endlich so etwas wie »reinen Tisch« machen. Er weiß, dass er für viele Jahre ins Gefängnis gehen wird. Mit etwas Glück und guter Führung darf er nach einiger Zeit in den offenen Vollzug wechseln, erhält so ein Stückchen Freiheit, kann arbeiten. Aber diese Chance gibt es nur, wenn er hier, in seinem zweiten Prozess vor dem Schweriner Gericht, auch die »alten« Taten gesteht: Drogen-Verkäufe, die erst später ans Licht kamen, durchweg Ernten aus dem Freiland.

Für die »neueren« Delikte – den Indoor-Anbau von rund eintausendfünfhundert Cannabispflanzen in einer eigens dafür umgebauten LPG-Halle samt Marihuanahandel in den Jahren 2016 und 2017 – ist er bereits verurteilt worden, gemeinsam mit seinem Sohn. Der eine hatte den »grünen Daumen«, der andere die Drogenkontakte. Beide erhielten dafür Strafen von mehr als vier Jahren, die sie aktuell absitzen.

Nun muss der Vater also ein zweites Mal für seine Taten geradestehen. Diesmal für die umtriebigen Jahre zuvor und die mindestens fünfundfünfzig verkauften Kilogramm Marihuana aus jenen früheren Zeiten, die gut und gern zweihundertachtundvierzigtausend Euro einbrachten. Jacob P. sagt, dass er dieses Geld vor allem für die Pferdezucht benötigte. Für seinen Traum. Und dass er das alles alleine bewerkstelligen wollte. Aber manchmal brauchte der Dealer »die Ernte« eben auch dann, wenn P. gerade nicht zu Hause war, und so deponierte er das Päckchen mit dem Stoff bei seiner Ehefrau oder der Tochter, die es dem Nachbarn überreichten und das Geld entgegennahmen.

»Sie wollen uns hier nicht weismachen«, richtet der Vorsitzende Richter sein Wort an die mitangeklagten Damen, »dass Sie so überhaupt nicht ahnten, welche Geschäfte da liefen?« Beide schauen reumütig. Ein bisschen ausführlicher beschreibt es dann Nadine, die Tochter: »Mein Vater kam eines Morgens zu mir und bat um einen Gefallen. Ich möge dem Nachbarn etwas aushändigen und sollte einen Umschlag dafür bekommen …« Sie stockt kurz. »Der Umschlag war dick, und ich wurde neugierig. Ich schaute hinein und sah sehr viel Geld. Aber ich traute mich nicht, meinen Vater danach zu fragen. Ich schämte mich für die Neugier und schwieg.«

Doch bei dem einen Mal blieb es nicht. Nadine und ihre Mutter fungierten immer wieder mal als »Paketzusteller«. Bald lagen die Scheine auch nicht mehr verschämt im Umschlag, sondern gebündelt in der Hand. Nichts anderes als Drogengeschäfte kamen für solche Geldflüsse in Frage, und die Damen P. wussten das. Deshalb der Bandenvorwurf. Aus ihm erwächst dem Vater nun eine neue, höhere Strafe: sechs Jahre Haft. Mutter und Tochter werden zwar verurteilt, aber unter

Bewährung gestellt. Mutter Susanne muss den Reiterhof ohne illegale Gelder weiterführen, Tochter Nadine wird sich daheim um ihre eigene Familie kümmern. Sie hat einen Job gefunden, der sie ernährt, und sie ist nicht mehr von ihrem Vater abhängig.

Die stolze Summe von einer Viertelmillion Euro, die Jacob P. aus dem Drogenhandel erwarb und ins Gestüt steckte, verwandelt sich nun in einen gewaltigen Schuldenberg, den er zugunsten der Staatskasse zukünftig aus Knastverdienst, familiären Reserven, Zuchterfolgen und Pferdeverkäufen abtragen muss. Auf das Gehöft der P.s hat die Staatsanwaltschaft bereits Hypotheken eintragen lassen.

Als das Urteil gesprochen ist, begegnen sich Freunde und Familie für einen kurzen Moment draußen im Flur. Jacob P. schlurft in seinen Fußfesseln vorbei. Ein kleines blondes Mädchen verharrt am Rande der Gruppe. Seine Mutter schiebt es sanft in die Richtung des Mannes, der von zwei Wachleuten gleich zurück in die Haftanstalt begleitet wird. »Schnell, sag dem Opa noch mal Tschüss.«

Der streckt die Hand aus. »Tschüss, Opa«, flüstert das Kind.

3. Nicht mit mir!

Ein Zufallsprogramm hatte ihn für den »Mikrozensus 2016« ausgesucht. Frank W. sollte sensible Fragen über sich und seine Existenz beantworten. Er setzte ein Zeichen – mit einem großen Knall.

Sechzig Jahre alt wird Frank W. in diesem Winter. Er ist ein eher kleiner, drahtiger Mann, sportlich, einer, der sich, solange er zurückdenken kann, bewusst ernährt, viel bewegt und auf seine Gesundheit achtet. Eine Familie, erzählt er, habe sich »irgendwie nie ergeben«. Doch er sei nicht alleine, »meine Schwester schenkte mir zwei Katzen«. Frank W. ist gelernter Maschinist, er war nur ein einziges Jahr in seinem Leben ohne Arbeit. Zuletzt saß er wieder im Kranführerstand und führte Regie. »An Übersicht«, glaubt er, »fehlte es mir nie.«

Das sieht zumindest die Staatsanwaltschaft, die gegen ihn ermittelte, anders. Er wollte Weihnachten 2017 nicht nur sich selbst töten, sondern mit einer Sprengstoffexplosion ein Zeichen setzen, so heißt es in dem Vorwurf. Frank W. habe dabei billigend in Kauf genommen, dass Menschen verletzt werden oder sterben bei der Aktion, die er plante. Und das nur, um auf sich und sein Anliegen aufmerksam zu machen.

Die Fakten: Am Heiligen Abend 2017 durchbrach der kleine Herr W. mit seinem metallicblauen Peugeot die gläserne Front des Willy-Brandt-Hauses, der Berliner Zentrale der SPD. In seinem Kofferraum entzündete sich durch den Aufprall aus einem Kanister ausfließendes Benzin mit allerlei brennbaren Stücken, die W. absichtsvoll dort zuvor neben einer Petroleumlampe platziert hatte. Ein Feuer brach aus. »Ja«, lässt der Angeklagte seine Verteidigerin bestätigen, »sterben wollte ich. Und ein Zeichen setzen auch. Aber zu Schaden kommen sollte niemand. Deshalb wählte ich doch den 24. Dezember, die späte Nacht. Da sind schließlich alle zu Hause bei ihren Familien …«

W. kann von großem Glück reden, dass er niemanden verletzte und genau genommen nur etliche Quadratmeter Sicherheitsglas zu Bruch gingen. Teuer wird die Aktion trotzdem, der Sachschaden summiert sich auf einhundertsechzigtausend Euro. Die Aufregung war groß in der Nacht, das Wort »Terror« machte anfangs die Runde. Schließlich lag der tödliche Anschlag vom Weihnachtsmarkt auf dem Berliner Breitscheidplatz erst ein Jahr zurück. Und nur wenige Ecken weiter, an der Zentrale der CDU, hatte soeben eine herrenlose Sporttasche für Irritationen gesorgt, aus der Drähte und Stoffstücke quollen. Die Polizei identifizierte sie als Sprengstoffattrappe.

Zwei fast zeitgleiche Attacken auf die Häuser der beiden regierenden Parteien – das konnte kein Zufall sein. Noch am Tatort gestand der verletzte Täter den Zusammenhang. Er hockte neben dem Wrack seines Autos im ramponierten SPD-Foyer, klitschnass vom sofort ausgeströmten Wasser der Sprinkleranlage, inmitten von Glasscherben an eine Säule gekauert und nahm alles auf sich. Das Vortäuschen einer Straftat bei der CDU und die versuchte Brandstiftung bei der SPD, die allein ihm schaden sollte. »Sterben wollte ich, nur sterben.«

»Berichten Sie doch bitte, was Sie derart aus der Fassung brachte. Was war geschehen?« Der Vorsitzende Richter beginnt seine Befragung sehr vorsichtig. Und der Angeklagte Frank W. antwortet noch vorsichtiger zurück, dass er das eigentlich ungern selbst erzählen möchte. Er werde das seiner Anwältin überlassen, die dafür ganz sicher die passenderen Worte finde und nicht so aufgeregt sei wie er. Außerdem stünde doch alles in der Anklage. Nein, sagt die Anwältin und bändigt eine widerspenstige Lockensträhne, alles steht dort nicht. Es gibt eine Vorgeschichte, vieles lässt sich nicht einfach erklären, manches gar nicht verstehen. »Aber wir wollen es gern versuchen.«

Am Anfang ihrer folgenden Ausführungen steht eine Einladung zur Volksbefragung, genauer: zum Mikrozensus 2016. Am Ende, anderthalb Jahre später, hat sich Politisches mit ganz Persönlichem so fest verstrickt und verknäuelt, dass ein Mann, der sich vom Staat und den Behörden sinnbildlich »ausgezogen« fühlt, aber nicht »nackt« und »bloß« und »gläsern« dastehen mag, in eine Lebenskrise, in den Sog von Depressionen gerät, die er nicht länger aushalten will oder kann.

Das Wort »Einladung« fällt so nicht. Es wäre auch ein Euphemismus, eine Beschönigung, in diesem Zusammenhang davon zu sprechen, denn die Einladung zum Mikrozensus ist eine Pflicht. Es besteht ein Zwang zur Teilnahme. Annähernd achthundertzwanzigtausend Menschen in rund dreihundertsiebzigtausend bundesdeutschen Haushalten – ein Prozent der Bevölkerung – werden dabei nach statistischen Zufallsprinzipien als Probanden erfasst. Sie müssen einmalig oder in einem Zeitraum von vier Jahren mehrmals sehr genau Auskunft über sich und ihre Lebensumstände geben. Der Fragenkatalog umfasst mehrere Dutzend Seiten. Jede einzelne Spalte soll wahrheitsgemäß ausgefüllt werden, der Staat interessiert sich für aktuelle Partnerschaften und die Höhe des Einkommens, für Krankheiten und Altersvorsorge, für die Berufsausübung und das Bildungsniveau, für Verwandtschaftsverhältnisse und Konsumverhalten, für die Ausstattung der Wohnung und vieles mehr. Die Themen wechseln mitunter. Das Prinzip indes bleibt das Gleiche. Und das schon seit über sechzig Jahren.

Frank W. hat das zum ersten Mal erlebt. Er ist ein vorsichtiger Mensch, wohnt allein, zurückgezogen, konzentriert auf sich und seinen Sport, der ihm viel bedeutet. Er meidet größere Runden und Feiern, ist selten online. Als er die Fragen des Mikrozensus sieht und die unmissverständliche Aufforderung, alles wahrheitsgemäß zu beantworten, erschrickt er. Was geht sein Leben ihm fremden Menschen an? Seine Anwältin ist deutlich jünger als W., weltoffener, gewandter, kommunikationsfreudiger. Verstehen kann sie aber schon, dass sich ein Mann wie er äußerst unwohl gefühlt haben muss mit dem Fragebogen. Dieses ganze Prozedere widerstrebt ihm.

Aber es gibt kein Verweigern. Wer ausgewählt wird, muss teilnehmen. Angedroht werden ansonsten Strafgelder, die sich verdoppeln und verdreifachen, Vollstreckungen, Gerichtsvollzieher, die pfänden, im äußersten Fall sogar eine Haftstrafe. Und selbst das ist kein »Freikaufen«. Die Statistik, so heißt es, braucht exakt die Daten der ausgewählten Haushalte. Ein Befragter antwortet auf diese Art für neunundneunzig andere mit. Nur so kommen repräsentative Ergebnisse zustande. Für die Politik, für Parlamente und Verwaltung, für die Wissenschaft, für die Medien.

Frank W. erhoffte für sich eine Ausnahme, er widersprach der Aufforderung. Ihm machte es Angst, so beschreibt es die Verteidigerin, dass er sich »entblößen« und sein Leben »auf gefühlt zweihundert Seiten« ausbreiten sollte. So hat er es ihr erklärt. So gibt sie es an das Gericht weiter. Aber man wollte nicht auf ihn, Frank W., verzichten, mahnte und verkündete Konsequenzen. Er empfand es als Erpressung, dass angeblich gerade seine Angaben so bedeutsam wären, dass man ihm mit für die Verweigerung sogar mit Gefängnis drohte.

W. fraß das Unbehagen über Monate in sich hinein. Alles, was er las und hörte, bestärkte sein Misstrauen. Immer mehr verbiss er sich in das Gefühl des Ausgeliefertseins, des Ausspioniert-Werdens. Warum nimmt man ausgerechnet ihn, der »sein ganzes Leben lang brav gearbeitet« und »nie Ärger gemacht hat«, derart ins Visier?

Für Frank W. dreht sich die Spirale spätestens im Herbst hinein in eine Depression, von der auch seine junge Anwältin nicht wissen kann, ob es für diese als Auslöser noch andere Gründe gibt, andere Umstände sie begünstigen. Er jedenfalls glaubt, ins Nichts zu fallen. Er kündigt bei seiner langjährigen Firma, schreibt Abschiedsbriefe, räumt seine Wohnung auf, sammelt persönliche Dinge in einem Koffer zusammen, den er bei seiner Schwester deponiert. Dann überlegt er, wie er sein Auto in Brand setzen, sterben und zugleich opponieren kann gegen die, die solche Gesetze machen.

Eine Psychiaterin wird vom Gericht gefragt, ob Herr W. ihrer Einschätzung nach unter einer Persönlichkeitsstörung leidet? Sie mag sich nicht festlegen. Nur zum Tatzeitpunkt, ja, da sieht sie ihn in sich selbst gefangen. »Da konnte er nicht mehr ausbrechen.« Aber er hat bewusst gehandelt, sein Auto gezielt gesteuert, einen Moment gewählt, der einerseits symbolisch wirkt, andererseits jenseits eines lebendigen Alltags liegt. Und er war wohl nur überrascht, wie rasch die große Scheibe des SPD-Gebäudes nachgab.

Ein Jahr und acht Monate Haft verhängt das Gericht als Strafe. Gibt ihm Bewährung. Seine Schwester hat ihn bei sich aufgenommen, der frühere Arbeitgeber wieder eingestellt. W. wird für den Schaden zahlen und versucht es mit einem neuen Leben. Hoffentlich ohne Zensus.

4. Wer weiß schon, was so ein Baby trinkt?

Ein Paar, beide kaum zwanzig Jahre alt, ließ sein Neugeborenes verhungern und verdursten. Angeklagt ist Mord.

Abgründe tun sich auf, wenn ein Mord geschieht. Ein Mensch stirbt, weil ein anderer heimtückisch und grausam, mit extremer Gewalt, aus Lust am Töten, aus Gier, Habgier oder sexuellen Motiven tötet. Weil es keine Hemmschwelle gibt, die den, der tötet, aufhält.

Nadine K. und Ronny B. sind wegen Mordes angeklagt. Wegen Mordes an ihrem neugeborenen, kaum drei Tage alten Sohn Max. Und wenn es für das Gericht eines zu klären gibt, dann ist das nicht die Frage der Schuld. Beide haben gestanden, für den Tod des Babys verantwortlich zu sein. Im Mittelpunkt steht die Frage nach den Gründen. Und vielleicht auch die Frage nach den Abgründen.

Als Nadine K. im Herbst 2012 ahnt, dass sie schwanger ist, verdrängt sie den Gedanken. Sie ist gerade zwanzig geworden, lebt bei einem Freund, der sie auf der Straße auflas. Sie hat bereits zwei Kinder zur Welt gebracht, als sie noch minderjährig war, die das Jugendamt nach der Geburt sofort ins Heim und zu Pflegeeltern gab. »Ich musste das damals akzeptieren«, sagt Nadine K., »aber die Babys wegzugeben, sie allein lassen zu müssen, das hat mir schon sehr, sehr weh getan. Da war was leer in meinem Leben.« Nun war sie also wieder schwanger? »Ich wollte es nicht wahrhaben. Ich hatte mich doch gerade frisch verliebt, in Ronny, den Freund meines Freundes. Wie sollte ich ihnen das erklären? Was würden die beiden dazu sagen?«

Ronny nimmt Nadine die Entscheidung ab. Er merkt, dass es ihr nicht gut geht, dass ihr häufig übel wird, sie bestimmte Sachen nicht verträgt. Er beschafft ihr einen Schwangerschaftstest – und freut sich, so sagt er, als der positiv ausfällt. »Ich wollte mit Nadine eine Familie, ja. Da war es doch nicht so wichtig, ob ich auch der Vater bin. Wir würden ein Baby haben, wir zwei ganz allein!«

Ronny B. plant für die Zukunft. Aber planen ist nicht so seine Stärke. Wie Nadine kommt er aus katastrophalen Verhältnissen, wie Nadine war auch er schon obdachlos. Wie Nadine hat er sein ganzes Schulleben darunter gelitten, dass er ein Außenseiter war: dumm, dick, unbeholfen, ohne familiären Beistand. Ronnys Anwalt beschreibt diese Situation etwas eleganter: Er spricht von der gravierenden Intelligenzminderung seines Mandanten, vom fehlenden Selbstwertgefühl, der körperlichen Unzulänglichkeit, als Kind im Alter von zwölf Jahren schon einhundertsechzig Kilogramm gewogen zu haben. Er nennt Ronny und Nadine »zwei Schwache, die gemeinsam stark sein wollten«. Sie klammerten sich aneinander, versuchten, einander Halt zu geben, und versagten am Ende gemeinsam.

Am Nachmittag des 13. März 2013, gegen 16.00 Uhr, setzen bei Nadine K. die Wehen ein. Sie weiß, dass das zu früh ist. In fünf, sechs Wochen erst hätte sie das Baby erwartet. Sie hat keinen Plan. Sie war nie beim Arzt oder einer Hebamme, hatte immer gehofft, Ronny wüsste Rat, wenn es so weit wäre. Aber auch Ronny ist heillos überfordert. Alles, was er übers Kinderkriegen weiß, stammt vom Hörensagen und vom Googeln. Aber er steht ihr bei. Lässt Badewasser in die Wanne laufen, als die Wehen stärker werden, schneidet, als es soweit ist, die Nabelschnur mit einer Schere durch, bindet die Enden fest ab mit einem Nähfaden.

»Es war so ein süßer, kleiner Junge. So klein, so winzig. Max haben wir ihn genannt, und mit ihm geschmust«, erinnert sich Ronny B. an die ersten Stunden. Auch daran, dass er Nadine das Baby an die Brust gab, aber der Zwerg nicht trinken wollte. »Ich machte mir Sorgen, aber Nadine kannte das schon. Das sei bei ihren anderen Kindern auch so gewesen, den kleinen Babys fehle die Kraft. Man könne ihnen deshalb auch abgekochtes Wasser zu trinken geben, aus der Flasche. Das habe ich gemacht.« Ein, zwei Schlückchen, glaubt Ronny B., habe das Baby auch getrunken. Dann schlief es ein. Es schlief viel, fiepste zwischendurch leise, schlief wieder. »Das mit dem Trinken und dem Wasser haben wir in der Nacht und auch am nächsten Morgen wieder gemacht. Manchmal schien mir, er hätte ein bisschen was bekommen«, erzählt Ronny B., »dann wieder nicht. Aber er weinte auch nicht. Sah ganz zufrieden aus. Bestimmt fehlte Max nur noch die Kraft.«

»Was, Sie haben dem Kind nur Wasser gegeben?« Die Richterin kann es nicht fassen. »Wasser? Und das auch nur tropfenweise? Wie sollte das Kind damit leben? Kam Ihnen nicht in den Sinn, es könnte dabei irgendwann verhungern und verdursten?«

Ronny B. wagt nicht, den Blick zu heben. Er traut sich auch nicht, seine Freundin Nadine anzuschauen, denn jetzt muss er zugeben, dass er sich auf sie verlassen hat, darauf, dass sie weiß, was richtig wäre. »Am Anfang hatte ich keine Angst. Doch als Max auch am zweiten Abend noch nichts getrunken hatte, da wurde mir schon komisch. Ich hatte mir am Nachmittag extra Geld geborgt von meinem Vater, um in der Drogerie solche Baby-Anfangsmilch zu kaufen. Nadine hatte sie mir beschrieben. Das sollte helfen. Aber Max nuckelte nur. Richtig getrunken hat er nicht, weder an der Brust, noch aus dem Fläschchen. Ach, das wird, tröstete ich mich. Er sah doch auch gar nicht krank aus.«

Nadine K., die Mutter des Babys, muss eine heillose Angst davor gehabt haben, man könnte ihr das Kind wieder wegnehmen, wenn sie nicht mit ihm klarkäme. Nein, keinen Arzt!, hat sie ihren Freund angewiesen. Das gibt Ärger! Und sie wisse auch gar nicht, ob sie überhaupt krankenversichert sei. Sie hätte keine Karte. »Komm, lass es uns weiter versuchen, der Max schafft das, der lernt das Trinken.« An diesem Satz von Nadine haben sich beide festgehalten. Zweieinhalb Tage lang. Sie haben das Baby gewindelt, es gewaschen, gestreichelt, sich mit ihm ins Bett gelegt »und zugeguckt, wie friedlich es schläft«, sagt Ronny B. Einmal durfte er mit dem Winzling auch baden, berichtet er. »Nadine hat mir Max ganz vorsichtig auf den Bauch gelegt, und da hat er mich angeguckt und gelächelt.«

Nadine K. und Ronny B. tun alles dafür, sich die wenigen Lebensstunden ihres Kindes schönzureden. Sie haben sich in eine Erinnerung eingesponnen, die nur glücklich war. Das Baby brav und friedlich, wenn auch schwach und klein. Sie beide selbst voller Hingabe an dieses winzige Wesen.

Wenige Stunden später atmete es nicht mehr. »Nadine war panisch, so habe ich sie noch nie erlebt, ich versuchte, Max zu retten.« Eine Stunde lang will Ronny B. das Baby beatmet, ihm mit dem Mund Luft zugepresst und den kleinen Körper massiert haben. »Ich dachte, gleich ist er wieder da. Aber er kam nicht.« Ein Batterieblock sollte Strom aussenden und das Baby erwecken. »Wir haben Max dann im Arm gehabt und nicht losgelassen.« Doch das Kind war längst tot.

Ist das Mord?

Es gibt keine Zeugen dafür, was vom 13. bis 15. März mit dem Baby geschah. Es gibt keinen Anhaltspunkt dafür, dass ihm Gewalt angetan wurde. Aber es wurde nicht versorgt. Es ist verhungert und verdurstet. Wahrscheinlich still vor sich hin. Und womöglich ja wirklich in den Armen seiner Eltern, die einmal nicht versagen wollten und damit das Schlimmste auslösten. »Sie hatten einen Tunnelblick«, beschreibt der Anwalt, um irgendwie begreiflich zu machen, was der Tragödie nun folgte. Als beide keinen Zweifel mehr daran haben konnten, dass ihr Kind nicht mehr lebt, als Lug und Trug nicht mehr halfen, behielten sie das Baby noch eine Nacht bei sich im Bett, zogen es dann neu an – und legten es ins Kühlfach. »Nadine konnte das Baby nicht loslassen. Es sollte bei ihr bleiben. Am liebsten für immer«, sagt Ronny B. »Ich konnte ihr da doch nicht wehtun und das

Kind wegnehmen.« Nach einer Woche begruben sie es in Berlin-Hellersdorf, ganz in der Nähe ihrer Wohnung, in einem Wäldchen. »Mamis Liebling« stand auf Max' Mütze, er trug einen hellblauen Strampler, Größe 50.

»Totes Baby im Wald verscharrt« lauteten kurz darauf die Zeitungsschlagzeilen, nachdem der Hund einer Spaziergängerin den leblosen Körper des Neugeborenen erschnuppert hatte. Ein Hinweis auf die Mutter fand sich lange nicht. Deshalb spendeten viele Polizisten Geld für ein Begräbnis des kleinen Jungen, legten Blumen und Spielzeug aufs Grab. Nadine K. und Ronny B. aber fehlte der Mut, sich zu ihrem Kind zu bekennen. Sie igelten sich in ihrer Wohnung ein und warteten darauf, dass es irgendwann an der Tür klingelt. Das passierte im April. Spuren an der Kleidung hatten die Polizei zu dem Paar geführt. Seitdem sitzen beide in Untersuchungshaft.

»Ich habe noch nie so viel begriffen, wie seitdem«, lässt Nadine K. ihre Anwältin berichten. Sie gehe wieder zu Schule und wisse, dass es so mit ihrem Leben nicht weitergehen kann. Ronny B. sagt, Nadine sei ihm immer noch wichtig, sehr wichtig sogar. Aber er habe ihr nicht geholfen mit seinem Verhalten, sondern nur geschadet. Wenn er damals nicht so feige gewesen wäre, würde Max heute noch leben.

Die Staatsanwaltschaft lässt den Mordvorwurf fallen, das Gericht spricht von einer Tragödie. Es verurteilt die Zwanzigjährige zu zweieinhalb Jahren Haft. Ihr Freund Ronny B. erhält wegen fahrlässiger Tötung eine zwölfmonatige Strafe auf Bewährung.

5. Das ist ein Ba-Ba-Banküberfall!

Fünftausend Euro wollte Frank S. rauben. Der Prozessbesucher erlebt einen Angeklagten, der eher hilflos wirkt. Das Gericht ist indes nicht milde gestimmt.

»Mein Mandant möchte zum gegenwärtigen Zeitpunkt keine Angaben machen«, schnurrt der kleine, untersetzte Rechtsanwalt einen Spruch ab, den man öfter in Gerichtssälen hört, denn der Angeklagte muss nicht aussagen. Wenn er - oder sein Verteidiger - es für günstiger halten, nichts zu sagen, dann darf das im späteren Urteil keine negativen Auswirkungen haben. Das Gericht muss neutral bleiben. Deshalb ist der Halbsatz, den der Anwalt hinzufügt, eher unnötig: »Das möge man ihm verzeihen.« Eine junge Frau auf der hinteren Zuschauerbank flüstert ihrer Freundin zu, dass »der Frank« darüber nachgedacht habe, ob er schweigt oder nicht. »Aber er stottert doch so, wenn er aufgeregt ist, ganz schrecklich«, sagt sie, und die Freundin nickt verständnisvoll.

Annelie E. erinnert sich nicht an ein Stottern. Dabei hatte sie kurz mit Frank S. gesprochen, damals. Im Februar, als er gegen Mittag im Schalterraum ihrer Sparkassenfiliale durch die Tür schlüpfte und ihr einen weinroten Leinenbeutel mit dem Werbeaufdruck eines Bäckers auf den Tresen legte. »Außer Atem war er, das ja«, setzt Annelie E. hinzu, »aber aufgeregt? Ich weiß nicht. Mir schien's eher hilflos. Sonst hätte ich mich auch gar nicht getraut, schnell noch auf den Notknopf zu drücken.« Dass er Geld brauche, möglichst unauffällig und mindestens fünftausend Euro, habe der schlanke Mann mit der schwarzen Hornbrille leise zu ihr gesagt. Und dass er kein Aufsehen wolle. Dabei befand sich doch niemand außer ihnen beiden im Raum. Frau E.s Kollege Ramos war gerade telefonisch zur Chefin gerufen worden und eine Vertretung noch nicht herbeigeeilt. Das war reiner Zufall. Eigentlich sind die Mitarbeiter immer mindestens zu zweit an den Schaltern. In dieser Minute nicht. Konnte Frank S. das wissen?

»Hat Herr S. Sie ausspioniert, vielleicht sogar ein Konto bei Ihrer Bank?«, erkundigt sich der Richter bei der einundfünfzigjährigen Zeugin, die ihr helles Haar zu einem lockigen Knoten zusammengebunden hat. Annelie E. bedauert. »Das weiß ich nicht, wir haben in unserer Filiale danach nicht wieder über diesen Mann gesprochen. Die Chefin wollte das nicht. Und ich selbst hatte ihn noch nie gesehen. Zumindest habe ich ihn nicht erkannt, denn die Brillengläser waren an diesem feuchten, kalten Tag ja dick beschlagen, und eine Mütze trug er auch. Vom Gesicht war nicht viel zu sehen, und ich dachte noch, warum putzt der sich nicht erst einmal die Brille, er sieht doch sonst gar nichts.« Dann erklärte sie ihm, dass sie nicht ohne Weiteres an den Tresor käme. »Da gibt es so viele Sicherheitsvorschriften, das dauert!«

Sie konnte nur eine etwas altmodische Kasse öffnen, in der knapp eintausend Euro lagen, in kleinen Scheinen. »Die wollte ich einpacken.« Dann hörte sie auch schon Sirenen auf der Straße. Dass in der Nebenstraße nur ein Krankenwagen vorbei rauschte, konnte sie nicht ahnen. Frank S. riss die noch leere Tasche an sich und stürmte hinaus. Vor der Eingangstür prallte er gegen eine ältere Kundin, die daraufhin laut losschimpfte und sich über »diese jungen Männer« beschwerte, die keinen Anstand hätten.

Frank S. ist so ein junger Mann. Dreiundzwanzig Jahre alt, wegen Diebstahls und Fahrens ohne Fahrerlaubnis vorbestraft. Er ist der jüngste von vier Brüdern, ein Kochlehrling mit abgebrochener Ausbildung und nun Praktikant in einem Fahrradladen. Als die Familie mit ihm 1985 nach Berlin zieht, in den Wedding, bringt die österreichische Rock-Pop-Band »Erste Allgemeine Verunsicherung« gerade ihren Ohrwurm »Ba-Ba-Banküberfall« ins Radio. Die Geschichte eines Losers, der nichts auf die Reihe kriegt. Und irgendwie scheint dieses Lied ganz gut auf Frank S. zu passen, der zwar skrupellos ans schnelle Geld wollte, bei seiner Aktion aber weder besonders vorbereitet, noch bewaffnet war. Und der auch der Bankangestellten nicht wirklich drohte. Wie heißt es bei EAV? »Mit dem Finger im Mantel statt einer Puff'n / Ich kann kein Blut sehen, darum muss ich bluff'n / Ich schrei: Hände hoch, das ist ein Überfall / Und seid ihr nicht willig, dann gibt's Krawall / Eine Oma dreht sich um und sagt: Junger Mann / Stell'n Sie sich gefälligst hinten an!«

Ob Frank S. den Song kennt, spielt vor Gericht keine Rolle. Aber als Annelie E. ihre Zeugenaussage beendet hat und auch noch zwei Polizisten gehört worden sind, die zwar zu spät am Tatort eintrafen, den Flüchtenden aber immerhin einholen und festnehmen konnten, verliest der Rechtsanwalt eine Erklärung seines Mandanten. Und die geht sinngemäß so: Es war dumm und dreist von mir, so was zu wagen. Aber ich schob seit Tagen Panik, weil ich mir von Freunden – von vermeintlichen Freunden, fügt der Anwalt hinzu – Geld geborgt hatte, das ich nicht zurückzahlen konnte. Ich hatte gezockt. Da wurden die total sauer und schickten mir einen Eintreiber auf den Hals. Der Mann sei nicht gerade zimperlich gewesen, ergänzt der Verteidiger, und bittet für Frank S. um Milde: »Er hat jetzt eine Partnerin und will es noch mal mit einer Lehre versuchen, als Mechaniker.«

Annelie E. sagt, sie würde ihm unter Umständen verzeihen, wenn er ihr schwört, so etwas nie wieder zu tun. »So ein junger Kerl …« Das Gericht ist nicht nachsichtig. Es hält, selbst wenn es bei den alten Fällen ebenfalls keine Gewalttätigkeiten gab, aber eben Wiederholungen, eine Bewährungsstrafe für nicht angemessen. »Sie brauchen ein deutliches Stoppzeichen, eine Haft«, verkündet der Richter, »und einen Halt, wenn Sie wieder rauskommen. Sonst sehen wir uns hier wieder, ich ahne es.« Er schickt ihn für zwei Jahre und acht Monate ins Gefängnis. »Versuchen Sie, Ihre Lehre dort zu beginnen. Das wäre immerhin ein Anfang.«

Annelie E., die überfallene Bankangestellte, dreht sich noch einmal zu dem nun Verurteilten um. Tut er ihr leid? Sie weiß es nicht. Sie hat an jenem Februartag ihren Dienst gleich nach der Polizeibefragung weitergeführt. Sie fühlte sich ruhig. »Hätte der Mann eine Waffe gezeigt, keine Ahnung, was dann passiert wäre. So was habe ich früher schon mal erleben müssen, und das war schrecklich. Davon habe ich mich lange nicht erholt.« Eigentlich will sie die Geschichte auch gar nicht mehr erzählen. »Ich hab's mental hinter mir gelassen.«

Und dann erzählt sie doch, wie drei Maskierte mit Pistole und Schlagstock die Volksbank überfielen, in der sie damals arbeitete, wie sie Angestellte und Kunden zu Boden zwangen und mit Kabelbindern fesselten und das Martyrium fast zwanzig Minuten dauerte. Sechs Wochen lang war Annelie E. damals krankgeschrieben. Sie kam erst mit professioneller Hilfe wieder zur Ruhe, und die Angst verfolgte sie lange noch. Bis sie näher an den Stadtrand zog, an dem sie weniger kriminelle Energie vermutete. Dann betrat Frank S. ihre Filiale …

6. »So ein Impuls«

Ernst Martin F. war Museumsdirektor und ist ein »Mann der Kunst«. Bei einer Feier in einer Galerie mit Sekt und Häppchen stiehlt er einen Feininger. Wie konnte das passieren?

Kunstdiebstähle sind so alt wie die Kunst selbst, und das Verschwinden berühmter Skulpturen oder Gemälde löst weltweit immer wieder spektakuläre Ermittlungen aus, die dann allzu oft ergebnislos versanden. Die Experten des international tätigen Londoner »Art Loss Registers«, eines akribisch geführten Archivs verschwundener Schätze, beziffern die Quote der Kunstwerke, die nach Raub und Diebstahl wieder auftauchen und ihrem Besitzer zurückgegeben werden, auf kaum fünfzehn Prozent. Hunderte Rembrandts und Vermeers, Picassos, Warhols, Chagalls und Brueghels bleiben über Jahrzehnte, möglicherweise Jahrhunderte in gesicherten Kellern und geheimen Depots versteckt. Oder die Polizei findet sie, mehr oder weniger durch Zufall, in Privatgemächern.

So wie 2001 im elsässischen Mulhouse, als Fahnder im einstigen Kinderzimmer eines jungen Mannes namens Stéphane Breitwieser Dutzende aus Museen entwendete Bilder entdeckten. Kunstwerke von Millionenwert hingen dicht an dicht an den Wänden. In Schüben und Fächern stapelten sich Holzschnitte, Grafiken und aus dem Rahmen geschnittene Leinwände alter Meister, die

Breitwieser verehrte. Allein von 1994 bis 2001 stahl er mindestens zweihundertneunundreißig Gemälde und Ausstellungsstücke. Und so oft er für seine Taten und Rückfälle auch vor Gericht kam in den nachfolgenden Jahren, immer wieder beteuerte er, er habe einzig »aus Liebe zur Kunst« gestohlen. Nie kam er heimlich, nie des Nachts oder gar gewaltsam in die Museen – er bezahlte ein Ticket, schwelgte in Schönheit, griff entschlossen zu und verabschiedete sich mit dem Diebesgut unter der Jacke wieder höflich am Ausgang. Zu große Stücke bugsierte er durchs Fenster. Es sei ihm nicht darum gegangen, sich materiell zu bereichern, ließ er wissen. »Ich wollte mich einfach erfreuen und ungestört genießen. Ich liebte diese Werke.« Ausführlich beschreibt er seine Diebeszüge und Intentionen in einem Buch.

Ob Ernst Martin F., der bald 75-Jährige, der aus einer Berliner Galerie vor Kurzem selbst ein Kunstwerk entführte und nun vor Gericht steht, Breitwiesers »Bekenntnisse eines Kunstdiebes« je gelesen hat, wird er vor Gericht nicht gefragt. Obwohl der Richter sehr nachdrücklich versucht, ein persönliches Motiv zu erfahren. Denn Ernst Martin F. ist ein anerkannter Kunstexperte, er leitete zwei Jahrzehnte lang ein hauptstädtisches Museum, verfasste Bücher und Expertisen. Er ist ein guter Freund renommierter Kunstsammler und Galeristen.

Und dann stahl er. »Wie kann das sein? Was ging in Ihnen vor? Was fühlten Sie? Sie, ein Mann der Kunst …«, fragt der verhandelnde Richter, um das Geschehene zu begreifen. Zumal die Situation an jenem 2. November 2015, in der Ernst Martin F. zum Dieb wurde, eine sehr ungewöhnliche war: Soeben hatten enge Freunde und Verwandte eine Ikone des Berliner Kunstlebens, den Galeristen Florian Karsch, zu Grabe getragen. Man traf sich mit anderen Partnern und Vertrauten in Karschs »Galerie Nierendorf«, um Abschied zu nehmen. Ewig schon waren die Familien Karsch und F. miteinander bekannt, ja befreundet. Natürlich zählten die F.s zu den geladenen Gästen. Man tauschte Erinnerungen aus, es gab Sekt und Häppchen. »Das war wohl mein Unglück«, sagt Ernst Martin F. mit leiser Stimme. »Es war ein besonderer Tag, auch für mich«, setzt er hinzu, »und wie das alles kam, wird mir für immer unverständlich bleiben. Ich kann es nicht rational erklären, aber ich habe mich in eine Therapie begeben, um das zu ergründen.« Ob es denn da schon Erkenntnisse gäbe, fragt der Richter. Nein, antwortet F., »es ist ein tiefgründiges Schürfen, wir tragen langsam Schicht für Schicht ab.«

Ganz so viel Zeit hat das Gericht für diesen Fall nicht eingeplant. Die Tat an sich ist ja auch klar: Am Nachmittag jener Trauerfeier geht Ernst Martin F. mit seiner Frau von Grüppchen zu Grüppchen, spricht hier mit alten, dort mit neuen Bekannten, drückt Hände, prostet sich mit anderen zu. Die Türen der Galerie sind unverschlossen, man kann sich die ausgestellten Werke auch in Nebenräumen und im Flur anschauen. Gut hundert Gäste sind beieinander.

Gegen 17.15 Uhr schlendert auch das Ehepaar F. den Gang entlang bis in eine hintere Ecke. Dort lehnen ein paar gerahmte Bilder an der Wand, zuvorderst zwei kleinformatige Objekte. Ohne zu sehen, um was es sich handelt, so beschreibt es F. selbst, bückt er sich und steckt eines der Bilder unter sein Hemd. Es sei »so ein Impuls« gewesen, beteuert er. Das »Unbewachte« hätte den spontanen Griff nach der Kunst ausgelöst, eine innere Stimme flüsterte ihm zu: »So geht das doch nicht!« »Als ich selbst noch für ein Museum verantwortlich war, habe ich meine Mitarbeiter immer wieder angewiesen, mehr auf die Sicherheit der Kunstwerke zu achten – und nun sah ich das hier. Es schien mir so leichtsinnig.«

Ernst Martin F. stockt. Nein, er wolle sich gar nicht herausreden, er habe gestohlen, das sei »schrecklich«, das sei »unwürdig« und »so unendlich peinlich«. Er begreife es ja selbst nicht: »Mein klares Denken war vernebelt.« Wie viel er an jenem Tag getrunken habe? »Drei bis vier Gläser Schampus, und als der zur Neige ging, etwas Weißwein.« Schließlich sei auch »leider« noch Rotwein dazu gekommen, glaubt der alte Herr. Kurz nach dem Diebstahl verließ er die Trauerfeier. »Es wurde Zeit, meine Frau drängte schon, denn wenn ich zu viel trinke, rede ich oft mehr als üblich. Es ist dann besser, Schluss zu machen. Ich hatte schon Mühe, die Treppe von der Galerie zur Straße zu bewältigen.«

Davon, dass der elegante Herr F. womöglich angetrunken gewesen sein könnte, bemerkten andere Gäste nichts. Und die Ehefrau muss nicht aussagen. Wusste sie von F.s kleiner Beute? Der Angeklagte nestelt mit beiden Händen am Revers seines graumelierten wollenen Sakkos, als wolle er es hochschlagen und aus Scham dahinter verschwinden. Aber er verschwindet nicht. »Ja, sie hat es mitbekommen und mich gescholten, ich solle das Bild sofort wieder zurückstellen. Das tat ich dann auch.« Wenige Augenblicke später brachte er es jedoch wieder an sich, zu groß war die Versuchung.

Das alles muss Ernst Martin F. eigentlich gar nicht gestehen. Eine Videokamera hat den Diebstahl in der Galerie aufgezeichnet: Man erkennt F., sieht, wie er das Bild am Körper verbirgt, es wieder abstellt und dann erneut zugreift. Das Objekt der Begierde: eine knapp fünfzehn mal zwanzig Zentimeter kleine Aquarell-Tuschfederzeichnung des 1956 in New York verstorbenen Deutsch-Amerikaners Lyonel Feininger. Er hat das so zart hingehauchte, signierte Bild »Vier Männekins« betitelt und es dem Galeriebesitzer Florian Karsch im Dezember 1955 geschenkt. »MERRY XMAS!«. Der Katalog der Galerie gibt den Wert des sehr privaten Blattes mit dreißigtausend Euro an.

Sehr, sehr schlecht geschlafen hätte er in jener Nacht, sagt Ernst Martin F., und es gab für ihn am nächsten Morgen nur eine Lösung: den Weg zur Post. Gut verpackt, aber anonym gab er ein an die Galerie Nierendorf adressiertes Päckchen auf. Dort kam der kleine Feininger allerdings erst an, als der neue Chef, Karschs Adoptivsohn Ergün Özdemir-Karsch, den Verlust des Bildes schon bemerkt, den Dieb auf dem Video entdeckt und die Polizei informiert hatte.

Nun begegnen sich die beiden Kunstkenner, die seit langem miteinander bekannt sind, im Gerichtssaal wieder. Es ist beiden ganz augenscheinlich ähnlich unangenehm: Der Dieb entschuldigt sich wortreich, bittet vielmals für alles um Vergebung. »Ich schäme mich so für das, was ich Euch antat.« Der Galerist erinnert sich, wie peinlich es ihm war, damals Anzeige gegen F. erstatten zu müssen. »Ausgerechnet Herr F.« Er nimmt die Entschuldigung nur zu gern an. »Die Zeit bringt alles wieder in Ordnung, man muss nur warten können. Am Anfang war ich viel böser …«

Nach so viel gegenseitigem Verständnis kann auch der Richter nicht mehr anders: Er stellt das Verfahren gegen Herrn F. ein und verhängt eine Geldstrafe in Höhe von fünftausendfünfhundert Euro. Staatsanwalt und Verteidiger sind einverstanden. Der Feininger hängt wieder in der Galerie, und wenn der Kunstdieb das Geld zahlt und seine Therapie durchhält, dann ist die Akte damit geschlossen.

7. Identitätsklau

Eigentlich habe er ja nur seinem Sohn helfen wollen, behauptet der Angeklagte, dann aber schlüpfte er in Kostüme und fremde Rollen.

»Wir sind eine schwierige Familie«, stöhnt der Angeklagte, »zwei meiner drei Kinder sind früh in die Drogensucht abgerutscht und bald darauf straffällig geworden, die jüngste Tochter leidet an Diabetes. Ich selbst habe fast vierzig Jahre lang in der Gastronomie gearbeitet, stets korrekt und elegant, oft im Smoking – glauben Sie mir, ich kann Krawatte und Anzug nicht mehr sehen. Dienst immer im Akkord, nie Zeit für die Kinder.« Rüdiger F. weiß gar nicht, wo er fortfahren soll zu klagen. »Ich bin ein Wrack. Meine Lunge ist kaputt, COPD, die Hüfte Schrott, und schon mit Vierzig attestierten mir Ärzte das Skelett eines Achtzigjährigen. Schmerzen, nur Schmerzen. Und zuletzt dann auch noch die Drohungen gegen den Sohn …«

Der eben noch so stattliche Mann sackt so in sich zusammen, als habe er zu viel Kraft für diesen Monolog verbraucht, als lege er sein Schicksal jetzt in fremde Hände. »Wissen Sie«, wendet sich der fast Siebzigjährige dem deutlich jüngeren Richter zu, »ich habe keine Angst vor dem Gericht. Ich habe nur Angst vor meiner Frau. Sie weiß von alledem nichts, ich wollte sie schonen. Sie ahnt nicht einmal, dass ich heute hier bin. O weh, wenn sie das erfahren würde, o weh!«

Dann strafft sich der Senior wieder, holt Luft und gibt seinen Worten Raum. Er malt ein Bild aus traurigen und gefassten, unwissenden und gewieften, humorvollen und leidenden Tönen. Denn was tut ein Vater nicht alles für sein Kind. Sohn Fabian sei leider spielsüchtig gewesen, aber das wisse das hohe Gericht ja, es hätten sich dabei hohe Schulden angehäuft, »und dann kamen da diese Bedrohungen. Es war ernst. Ich wollte erst nicht mit einsteigen, aber ich musste ihm helfen«, wehklagt F. – und so wurde er kriminell und zum Identitätsräuber. Zu einem smarten, gut aussehenden Identitätsräuber übrigens, hager, adrett, dunkle Hornbrille, in Würde ergraut. Raspelkurzer Haarschnitt, getrimmter Fünf-Tage-Bart. Und wenn er dann noch im langen schwarzen Wollmantel vor den Schalter eines Geldinstituts trat und um die Auszahlung eines größeren Betrages ersuchte, hegte offenbar niemand Zweifel daran, dass dieser eloquente ältere Herr vor ihnen ein Recht auf seine Ersparnisse hätte.

Aber der Reihe nach. Vieles, was Rüdiger F. bis hierhin erzählte, gehört in die Märchenwelt. Sein Sohn Fabian ist nicht etwa ahnungslos und unbedarft in eine Schuldenfalle getappt, die ihn nun zu ruinieren drohte, sondern er hat sich mit seinen knapp vierzig Jahren schon ein stattliches Strafregister und ein nettes Vermögen angeschafft. Dazu verhalfen Betrügereien, Diebstähle, Urkundenfälschungen und ähnliches. Auch im Gefängnis saß er schon mehr als einmal. Und als er den Vater an einem Weihnachtsfeiertag so konkret um Hilfe bat, offerierte er ihm zugleich das Geschäftsmodell:

Mit einer passenden Geschichte, nachgemachtem Ausweis und gefälschter Unterschrift kann man sich bei Banken und Sparkassen gut als solventer Kunde ausgeben, der einen Teil seines Guthabens in bar abheben möchte. Sohn Fabian war mit dieser Masche schon länger unterwegs – und jetzt könne doch auch Vater Rüdiger mittun. Jetzt, da er Rentner ist.

Rüdiger F. sagt, er habe lange gezögert, in den Deal einzuwilligen. »Drei Stunden hat er mich bequatscht.« Aber da ging es wohl bereits um Details, denn die erste Konto-Plünderung unternahmen die beiden wenige Tage später. Mit geliehenem Nobelauto und Chauffeur geht es zunächst ins Sächsische, nach Bautzen.

Woher der Sohn den gefälschten Ausweis eines fremden Herrn mit seinem, des Vaters, Lichtbild hatte, will F. senior natürlich nicht gefragt haben. Vom Alter her passten der frühere Ausweisinhaber Gerd O. und der neue »Besitzer« Rüdiger F. jedenfalls ausgesprochen gut zueinander. Und auch die Kontodaten des Betrogenen waren Sohn Fabian offenbar bekannt und zugänglich gewesen. Oder nein, vielleicht nicht Fabian direkt, aber zumindest seinen Hintermännern, die für gewöhnlich so weit im Verborgenen agieren, dass Gerichte sie nur selten zur Rede stellen können. Auch Fabian schweigt. Doch er besitzt die Daten und präpariert seinen Vater für die bevorstehende Aufgabe. Auf der Rückbank des Wagens übt der die Unterschrift, beim Eintreffen vor Ort raucht er zur Beruhigung noch eine Zigarette.

Mit Handschuhen, dunklem Hut und Wollmantel betritt der vermeintliche Gerd O. die Filiale seines Geldinstituts. Auf Überwachungskameras sieht man ihn erst ein wenig in den ausgelegten Broschüren blättern, dann dreht er sich dem Tresen zu, reicht der Angestellten seine Papiere und bittet um Kontoauskunft. Die Bankmitarbeiterin erinnert sich später bei der Polizei, dass Herr O. einen neuen Ausweis erwähnt hätte, die geänderte Nummer müsse bitte in die Unterlagen eingetragen werden, er erwäge einen höheren Betrag abzuheben, müsse das aber noch mal in Ruhe bedenken.

Die Auskunft, die er erhält, muss den vermeintlichen Herrn O. alias Rüdiger F. erfreut haben – denn wenig später lässt er sich von diesem Konto in einer anderen Zweigstelle achtzehntausend Euro in bar auszahlen. Er quittiert den Betrag mit dem falschen Namen und steigt ins Auto. Dort übergibt er dem Fahrer das Geld. Er selbst begnügt sich mit ein paar Hundertern. Ein Drittel des Erlöses geht an Fabian, den Rest kassiert ein Unbekannter. So seien die Regeln. »Es ist ja sicher auch teuer, das alles auszukundschaften, die falschen Papiere anzufertigen, die Maskerade zu beschaffen, die Klamotten und Handys, das Auto …«, überlegt Rüdiger F. laut.

Der junge Richter ist nicht sicher, ob er dem älteren Herrn die Bescheidenheit glauben soll oder nicht. Immerhin erbeutete der frühere Gastronom im Zuge seiner »Rentenaufstockung« mindestens zweihundertzwanzigtausend Euro. Aber er kann ihm eine höhere finanzielle Beteiligung nicht nachweisen. Weder in der Wohnung des Angeklagten noch bei der Überprüfung des Zahlungsverkehrs wurden auffällige Anschaffungen oder Beträge gefunden.

Es zog die Bande nach Bautzen und Trier, von Kiel über Berlin in den Süden und ins schwäbische Hall. Meist funktionierte der Trick. Zweimal regte sich Misstrauen bei den Bankangestellten und sie vertrösteten den Kunden auf eine spätere Abholung. Einmal fehlte es der Filiale schlicht am Bargeld. In Düsseldorf war das nicht das Problem. »Nehmen Sie denn auch größere Scheine?«, fragten die Bearbeiter und zahlten dem Angeklagten, ohne zu zögern, einhundertfünfzigtausend Euro vom Konto eines Dr. A. aus.

Dieser letzte Trip erschien selbst Rüdiger F. eigentlich schon als zu riskant, hatte er sich doch unlängst auf einem Fahndungsfoto wiedererkannt, das in der TV-Sendung »XY … ungelöst« eingeblendet war. »Nur noch einmal«, bettelte der Sohn, »kriegst 'ne Perücke.«

»Tricky-Rüdiger«, wie die Tageszeitungen den betrügerischen Rentner nennen, sagt, dass er alles sehr bereue. Dass er sich seinen Lebensabend »komplett versaut« habe. Sohn Florian verbüßt bereits seine Haftstrafe: fünf Jahre. Der Vater folgt ihm nun für die Hälfte der Zeit. Und weil er es war, der die zweihundertzwanzigtausend Euro in den Banken erlangte und in der Hand hielt, muss er für diese Summe geradestehen und sie, wie auch immer, zurückzahlen.

»Mit seinen achtundsechzig Jahren und in diesem Gesundheitszustand wird mein Mandant das nie schaffen«, wirft der Verteidiger ein. Das weiß auch das Gericht. Aber das Gesetz regelt es so. Es klingt beinahe ein wenig mitfühlend, als der junge Richter sich verabschiedet: »Ja, Herr F., da sind Sie der Dumme.«

8. Die Pflicht vor dem Schuss

Ein Jäger glaubt, in der Dämmerung ein Wildschwein zu sehen. Er nimmt sein Gewehr, schaut durch sein Zielfernrohr und drückt ab. Ein tödlicher Irrtum!

Es ging kein Windhauch. Der Abend versprach licht und lau zu werden. Der dreißigjährige Alexander R. freute sich auf die kommende stille Stunde, die anbrechende Dämmerung, das Loslassen des Tages. Der Abend dieses Tages wie geschaffen für einen Ausflug. Er mag die Jagd. Schon als Siebenjähriger ging er mit in den Wald. Später lernte er in einem Sportverein schießen. Er hat mit den Jahren viel Zeit und viel Geld in sein Hobby investiert. Er gilt als verlässlicher und disziplinierter Schütze. Von Wettkämpfen bringt er mitunter Pokale mit nach Haus. Eigentlich wollte er den Jagdschein auch schon viel eher gemacht haben, nicht erst vor drei Monaten, aber mit Familie und eigenem kleinen Containerbetrieb lassen sich nicht immer alle Wünsche gleich erfüllen.

Er ruft den Jagdpächter an, in dessen Revier nördlich der brandenburgischen Kleinstadt Nauen er nach dem Wildbestand schauen und nach Absprache jagen darf. Der hat keine Einwände. R. holt die Tochter vom Reitunterricht ab, bringt sie nach Hause, zieht sich um, legt seine Waffen in den schwarzen Pick-up und fährt nach Tietzow. Das Maisfeld, das er dort vom Hochsitz aus überblicken kann, ist bald erntereif, schon in der

Woche zuvor gab es Wildschweinspuren. Alexander R. hat einen Baum, an dem sich die Tiere gerne reiben, frisch präpariert, um sie anzulocken. Nun ist er voller Erwartung. Er biegt in den schmalen Feldweg ein und stellt das Auto ab. Die letzten zwei-, dreihundert Meter geht er zu Fuß, um die Umgebung besser beobachten zu können. Die Langwaffe, eine Blaser R93, trägt er in der Hand, das Fernglas um den Hals, seinen Revolver in der Tasche. So nähert er sich dem Feld.

Katarzyna K. und Norman G. haben das dunkle Auto herannahen sehen. Wenn hier jemand durchfahren möchte, müssen sie wohl besser den Weg freimachen. Zumindest müssen sie ein Stückchen zur Seite rücken. Beide greifen ihre orangefarbene Wolldecke an den Ecken und ziehen sie einige Meter weiter, etwas dichter ins Gras. Dann setzen sie sich wieder, greifen nach ihren Getränken, die Musik aus dem Handy läuft. Sie schwatzen, fühlen sich ungestört und genießen den Moment der Ruhe, allein für sich, weg von den anderen Erntehelfern und Arbeitskollegen der nahen Pilzzuchtanlage.

Katarzyna, die vierundzwanzigjährige Polin, wohnt derzeit auf engstem Raum zusammen mit den anderen Saisonkräften in den Räumen eines billigen Hotels, das der Arbeitgeber anmietet. Norman G. ist im übernächsten Ort zu Hause, seine Eltern und Freunde leben dort. Er spielt Fußball im Verein, kennt Katarzyna von der Arbeit und mag sie. Das Auto, das gerade noch in ihre Richtung fuhr, steht nun ein gutes Stück entfernt am Wegesrand. Sie vergessen es gleich wieder. Eigentlich hätten sie gar nicht rücken müssen mit ihrer Decke, aber nun ist es eben so. Katarzyna schaut auf die Uhr, zwanzig vor acht.

Ein Knall durchbricht die Stille. Norman G. kippt vornüber, bleibt auf dem Boden liegen, Katarzyna K. schreit auf. Begreift, dass ein Schuss gefallen ist, fühlt, dass ihr Freund getroffen wurde, sieht Blut, hört sein Röcheln, spürt plötzlich auch selbst einen Schmerz im Arm, sie schreit weiter. Und dann steht dieser Mann vor ihr, panisch, verwirrt. »O Gott, was ist passiert!?« Er beugt sich zu Norman, sieht das Unglück, kann nicht helfen. Kann nur den Notruf wählen und ungläubig stottern: »Ich glaube, ich habe einen Mann erschossen, kommen Sie schnell, kommen Sie schnell!«

Katarzyna K. und Alexander R. treffen sich knapp anderthalb Jahre später vor Gericht wieder. Sie als Zeugin, er als Angeklagter. Katarzyna hat den Schuss aus dem Jagdgewehr überlebt. Die Kugel hat ihren Oberarmknochen zertrümmert, hat Muskeln und Sehnen verletzt. Norman G., der einunddreißigjährige Fußballer, aber ist an jenem Septemberabend noch am Tatort gestorben. Er ist an seinen schweren inneren Verletzungen verblutet, er hatte keinerlei Überlebenschance, sagen die Gerichtsmediziner. Und das nur, weil Alexander R. glaubte, ein Wildschwein gesehen zu haben.

Dass es ein Wildschwein war, auf das er schoss, davon zeigt sich Alexander R. heute noch immer fest überzeugt. Seine ganze Verteidigungsstrategie baut darauf auf, dass er nie im Zweifel war, ein stattliches Tier zu erlegen. Dass er alles im Blick hatte, dass er gewissenhaft vorging. So, wie es ein Jäger tun muss, und so, wie er es immer tat. Anders, als durch einen schrecklichen Zufall, vermag er sich das Unglück nicht zu erklären, bei dem eine Kugel zwei Menschen traf. Er fühlt sich mental außerstande, dem Gericht den Vorfall noch einmal zu schildern, aber zusammen mit seinem Verteidiger hat er den Tag Revue passieren lassen, und gemeinsam haben sie aufgeschrieben, woran Alexander R. sich erinnert. Sachlich, aber nicht unbeteiligt, trägt der Rechtsanwalt diese Erinnerung vor.

Sie beide wissen, welches Leid Alexander R. verursachte. Die Eltern von Norman G. sitzen mit im Gerichtssaal, sie wollen erfahren, wie ihr Sohn ums Leben kam und warum. Katarzyna K. erzählt weinend von jenem Abend, von Normans Tod, von ihren Verletzungen und Operationen. Der Raum ist bis auf den letzten Platz gefüllt mit Freunden und Kollegen von Norman, seinen Mitspielern und Fußballkumpels in den blau-weißen Trainingsjacken des örtlichen Vereins. Seine Rückennummer, die 7, wollen sie nie wieder vergeben, sein Trikot halten sie in Ehren. Unbekannte haben den Todesschützen Alexander R. erst wenige Wochen vor der Gerichtsverhandlung auf offener Straße zusammengeschlagen.

Ausführlich und bis ins Detail beschreibt der Anwalt im Namen seines Mandanten, wie das Wildschwein aussah, das Alexander R. im Visier gehabt haben will. Wie er aufs »Blatt« zielte, auf die Schulter. Wie deutlich er Haupt und »Teller« sah, die Ohren. Wie er es »ansprach«. Das klingt zwar sehr waidmännisch, heißt im Klartext aber nur, dass Alexander R. beteuert, das Tier genau betrachtet und in seinen wichtigsten Eigenschaften klassifiziert zu haben. Das ist Pflicht für einen Jäger vor dem Schuss. Sonst darf er den Abzug nicht betätigen. Er muss wissen, ob er ein Leittier vor sich hat oder womöglich eine Bache mit Nachwuchs. Wie groß und schwer das Wild ist, männlich oder weiblich, ob es verletzt wirkt oder einer Schonzeitregelung unterliegt. Jeglicher Zweifel verbietet den Schuss.

Alexander R. sagt, er habe nicht gezweifelt. Das Swarovski-Zielfernrohr mit seiner fünfzehnfachen Vergrößerung auf der Jagdwaffe hätte das Wildschwein ganz dicht herangeholt, er hätte freie Schussbahn gehabt, und weit und breit sei nichts und niemand gewesen außer ihm und dem Wildschwein. Bis dieser Schrei ertönte.

Kriminaltechniker haben auf dem Feldweg vor Ort die Situation nachgestellt. Sie haben mit Hilfe eines Ballistikers die Fluglinie des Projektils rekonstruiert, mit allen Unwägbarkeiten, und sie kamen zu dem Schluss, dass der Jäger wohl gegen seine Sorgfaltspflichten verstieß. Eine Birke mit überhängenden Zweigen könnte Blick und Schuss beeinträchtigt haben, loses Strauchwerk und kniehohes Gras wuchsen zudem am Wegesrand. Das Zielfernrohr, das Alexander R. in der Dämmerung benutzte, konnte zwar einen minimalen Ausschnitt des Sehens maximal vergrößern, aber auf gar keinen Fall ließ sich das Gesamtgeschehen damit erfassen. Ganz im Gegenteil.

Niemand im Gerichtssaal unterstellt dem Schützen Alexander R., dass er es darauf angelegt hat, einen Menschen zu töten. »Dass es Ihnen zutiefst nahegeht, was geschah, glauben wir gern«, sagt selbst der Staatsanwalt. Keiner vermutet eine Absicht. Aber der Vorwurf bleibt, dass R. fahrlässig handelte. Dass der Jagdeifer mit ihm durchging, er womöglich nur ein Rascheln hörte und schoss. Drei Jahre Haft lautet am Ende das Urteil. Alexander R. zahlt Normans Eltern und Katarzyna K. insgesamt vierzigtausend Euro Schmerzensgeld. Das Gewehr, aus dem er den Schuss löste, hat er abgegeben. Ob er den Jagdschein behalten darf, ist ungewiss.

9. Explosionsgefahr

Abgesägte Finger, vorgetäuschte Demenz, ein Feuer, das ein vermeintlicher Brandleger nur knapp überlebte. Manche Betrügereien enden böse.

In den nüchternen, hellen Saal des Rostocker Landgerichts muss Peter P. im Rollstuhl geschoben werden. Schwer drückt sich der massige Körper des ehemaligen Schiffbauers in das Sitzpolster des Gefährts. Die kurzen Ärmel seines orangeroten T-Shirts geben den Blick auf tätowierte Arme frei. Sie sind übersät mit Narbensträngen. Ein schrecklicher Brand hat den Körper des Mannes verwüstet, es gab Wochen und Monate, in denen ihm kaum jemand eine Überlebenschance gab. Neunmal, so sagt er selbst, wäre er klinisch schon tot gewesen, konnte aber immer wieder reanimiert werden. Drei Monate lag er im Koma. Dutzende Operationen musste er durchstehen. Schmerzen, Qualen, Verzweiflung. Sechzig Prozent seiner Haut sind verbrannt, Muskelgewebe versengt, Substanz zerstört. Und schuld an all dem, so steht es in der Anklage, sei er selbst.

Peter P. ist kein Selbstmörder. Er wollte keinen Schaden nehmen. Er hoffte nur, einen Trick gefunden zu haben, um Schulden abzuschütteln, die sich peu à peu angehäuft hatten. Seine eher simple Überzeugung dahinter lautete wohl: Wenn durch eine Art Unfall, einen dummen technischen Defekt in meiner Wohnung ein Feuer ausbricht, ich davon nichts merke, weil ich offiziell gar nicht daheim bin, und alles verbrennt, dann zahlt doch die Hausratsversicherung, oder? Auf 50.000 Euro beläuft sich die Police. Feuerversicherung inklusive. Damit ließe sich doch etwas anfangen …

Was ist schon eine Versicherung? Eine anonyme Institution, die viel Geld einnimmt, eigenes und fremdes, und bei der es niemandem persönlich wehtut, wenn sie gelegentlich auch mal ausgenutzt wird – so ähnlich könnte es sich P. ausgemalt haben. Kleine Gauner denken so, Leute, die sich von einem Bekannten an einer unübersichtlichen Straßenecke crashen lassen, um dann oft großzügig kalkulierte Schadenssummen vom Autoversicherer zu kassieren. Manchmal funktioniert das ganz reibungslos, ohne jedes Aufsehen.

Andere Betrugsversuche enden spektakulärer, so wie der eines sächsischen Oberregierungsrats, der, des Berufslebens müde, diversen Ärzten und Gutachtern so überzeugend eine schwere Demenzerkrankung vorspielte, dass er bereits als 50-Jähriger hoch dotiert in den Ruhestand versetzt wurde und seine Pension kassierte, insgesamt rund siebenhundertzwanzigtausend Euro. Die Krankenkasse überwies zudem regelmäßig Pflegegeld der Stufe 3. Zwanzig Jahre lang profitierten der Beamte und seine Gattin von dem Leiden – bis offizielles Misstrauen einsetzte, Ermittler tätig wurden und das inzwischen mit Adelstitel nach Paraguay verzogene Paar aufflog: Der vermeintliche Demenzkranke erwies sich als äußerst mobil. Ein Heimatbesuch in Dresden beendete das Vergnügen. Beide wurden zu mehrjährigen Haftstrafen verurteilt, verloren Ansprüche und Vermögen.

Auf dieses vermeintliche Glück können andere nicht hoffen. Handwerker oder Zahnärzte zum Beispiel, die vor allem das Feingefühl ihrer Hände zum Arbeiten brauchen, sind schon häufiger dabei überführt worden, dass sie wissentlich in die Kreissäge oder zur Gartenschere griffen, um sich äußerst schmerzhaft von einem Finger zu trennen, der per Unfallversicherung gut geschützt war.

Dem Rostocker Peter P. lag es fern, sich körperlich zu malträtieren. Doch das Amtsgericht der Hansestadt war schon vor einem Jahr davon überzeugt, dass er den Brand in seiner Laube selbst gelegt hatte. Trotzdem verzichtete es darauf, am Ende der Verhandlung ein Urteil zu fällen. Wäre es lediglich um die Brandstiftung gegangen, hätte es P. durchaus für ein oder zwei Jahre ins Gefängnis schicken können. Aber der vermutete Versicherungsbetrug erschwerte damals die Sache.

Denn wird ein Feuer gelegt, um eine andere Straftat zu verdecken, dann handelt es sich juristisch um einen »besonders schweren Fall«. Und für den sieht das Strafgesetzbuch eine längere Freiheitsstrafe vor, fünf Jahre oder mehr. Bei einem solchen Delikt endet die Kompetenz der Amtsrichter. Deshalb nun dieser zweite Prozess vor dem Landgericht.

Und wieder bestreitet Peter P. die Tat. Nichts habe er mit dem Brand zu tun. Er sei in jener Nacht in Berlin gewesen. »Das ist doch nachprüfbar!«, beharrt sein Anwalt. Die Geschichte, die sie erzählen, liest sich so: Peter P. wollte mit Freunden für ein paar Tage nach Polen reisen, mit Zwischenstopp in Berlin. Hier bucht sich der

Angeklagte in ein Hotel ein. Abends braucht der kräftige Mann dann »ein wenig Abwechslung«. Er besucht eine Prostituierte. Sein Geld wird knapp. Also lenkt er das Auto fix noch einmal dreihundert Kilometer zurück an die Ostseeküste, um finanziellen Nachschub aus der Gartenlaube zu holen, die er seit Jahren bewohnt. Die Miete ist günstig, die Vermieterin eine Bekannte.

Als er im Morgengrauen in seinem Zuhause eintrifft, sich eine Zigarette anzündet und die Tür zum Bungalow öffnet, explodiert die Hütte. An alles Weitere kann sich Peter P. nicht mehr erinnern. Aber seiner Meinung nach muss ein Fremder oder auch ein nicht so Fremder großes Interesse daran gehabt haben, sein Häuschen in die Luft zu sprengen. Womöglich ja die Vermieterin selbst oder deren Kinder, die, so glaubt er, längst Umbaupläne für das Grundstück schmieden. Sogar ein Architekt sei schon beauftragt gewesen, Vorschläge zu machen.

Leider schildert Peter P. jene Nacht im November diesmal anders als bei den ersten Befragungen nach dem »Unfall«. Da gab er noch an, nachts aus dem Schlaf geschreckt zu sein, weil er Stimmen hörte und Personen am Fenster wahrnahm. Plötzlich war da Feuer, die Explosion, sein Blackout.

Kurz nach dem Brand findet die Polizei auf dem Nachbargrundstück P.s Mietvertrag und die kaum vier Wochen alte Versicherungspolice für den Hausrat. Das Hotel in Berlin bestätigt zwar das Einchecken, sieht den Gast dann allerdings nicht mehr wieder. Ein paar seiner Sachen liegen am nächsten Morgen noch im Zimmer, auch Uhr und Handy.

In der Rostocker Laube ermitteln Kriminaltechniker als Brandursache überall im Haus verschüttetes Benzin, erkennen in den Trümmern eine eingeschaltete Herdplatte, auf der ein Plastikbehälter schmorte. »Der Angeklagte rechnete wohl nicht damit, dass es so schnell zu einer Explosion kommen würde«, schlussfolgert ein Polizist, der sich mit Brandstiftung auskennt. Die Benzindämpfe entzündeten sich binnen Momenten. »Er konnte nicht mehr flüchten.«

Die Staatsanwältin wertet die Indizienkette als eindeutig belastend für den Angeklagten. Sagt, Peter P. sei Täter und Opfer zugleich. Der Verteidiger plädiert auf Freispruch. Sein Mandant sei unschuldig. »Alle wussten, dass er nach Berlin wollte.« Das sei ein günstiger Zeitpunkt gewesen, ein Feuer zu legen. Das Gesetz droht Peter P. mit bis zu fünfzehn Jahren Gefängnis, das Gericht indes sieht auch den schwerverletzten, verunstalteten Mann, der sich selbst seines bisherigen Lebens beraubte, und hält eine Strafe von fünf Jahren und drei Monaten für angemessen. Nun muss P.s dauerhafte Haftfähigkeit geprüft werden.

10. Verfolgungsjagd am Wannsee

Als eine Staffel der US-Serie »Homeland« in Berlin abgedreht wurde, kam es monatelang immer wieder zu Straßensperrungen. Gilt so ein »Stop!« dann eigentlich auch für Porsche-Fahrer?

Professor Dr. K., ein schlanker, eleganter Mann, streicht mit Bedacht sein blondgesträhntes Haar in Form, ehe er zu sprechen beginnt. So viel Zeit muss sein. Ich bin ganz ruhig, sagt seine Geste. Ich lasse mich nicht provozieren, nicht einmal von einer Zumutung wie dieser hier. Bitte, sehen Sie selbst: Wie passen meine Erscheinung, meine Vita, meine Gelassenheit auf das Klischee eines rüden Verkehrsrowdys?

Als solcher steht der dreiundsechzigjährige Mediziner vor dem Amtsgericht Tiergarten. Die Anklage ist hart: Er soll sein Auto, einen grünen Porsche 911 Carrera, am 7. Oktober 2015 gegen 7.50 Uhr gezielt als Waffe benutzt haben, um eine junge Frau, die ihm als Absperrposten die Durchfahrt verweigerte, zur Seite zu drängen. Er habe sie mit seinem Sechs-Zylinder-Geschoss angefahren, verletzt – und sei dann vom Unfallort geflüchtet. »Wie verhält es sich dazu mit Ihrer Erinnerung?«, fragt die brünette Richterin und bemüht sich, forsch zu klingen. Im Saal klingelt ein Handy. »Stellen Sie das sofort aus, die nächste Störung kostet fünfhundert Euro!«, faucht sie Richtung Zuhörer.

K. lässt sich nicht aus der Ruhe bringen. Er schildert den Morgen, an dem er – wie bei schönem Wetter üblich – früh gegen halb acht sein Cabrio startete, um vom Wannsee Richtung Berliner Innenstadt zu fahren. An diesem Morgen aber rollte der Porsche noch in besonderer Mission: »Mein damals siebenjähriger Sohn lernte gerade, selbstständig zur Schule zu gehen, dazu musste er zur S-Bahn. Er ging mit einem Freund. Wir Eltern überwachten das anfangs genau«, erzählt der Mediziner. »Also musste ich ihm folgen. Es gibt unterwegs ja genügend Ablenkung …«

Der Kaugummiautomat zum Beispiel, der hätte die Jungs aufhalten können. Vater K. war besorgt. Aber er kam nicht weit: »Mein Weg wurde plötzlich und ohne Vorankündigung gestoppt.« Filmarbeiten. »Ich erklärte dem Ordner, dass ich nur kurz durch wolle. Doch der blockte ab: Keine Chance! Er ließ sich nicht erweichen. Natürlich war ich darüber nicht gerade erfreut«, umschreibt Professor K. dezent seine Verärgerung. Und die wuchs, als er nach einem Wendemanöver und Einschlagen einer anderen Route unverhofft wieder vor einer Warnbake stand. Filmarbeiten.

Diesmal versperrte eine junge Frau die Zufahrt, dunkelhaarig, schmal, keine 1,60 Meter groß. Als K. ausstieg, überragte er sie um fast einen Kopf. Für Camilla J., eine selbstständige Cutterin und an diesem Tag eingesetzt als Sperrposten, kein Grund klein beizugeben. Nein, beharrte sie, sie könne ihm die Weiterfahrt nicht gestatten, die Dreharbeiten liefen, es dauere nur noch wenige Minuten. Dann sei die Straße wieder frei.

Sie sagt, sie bat ihn zu warten, aber er sei ausfällig geworden. Er sagt, er habe nach einer Genehmigung gefragt, doch die konnte sie nicht vorweisen. Er hielt die Sperrung für Willkür, sie berief sich auf ihre Weisung, das Set zu schützen. Beide Seiten erinnern böse Widerworte. Beide zerrten an der Absperrung. Camilla J. schildert den Autofahrer als »total aggressiv«. »Der war im Zeitstress, wollte einfach mit Gewalt durch.« Per Funk rief sie nach Polizei und Verstärkung. Professor K. beschreibt sich rückblickend immerhin als »ein bisschen entnervt«, denn die junge Dame sei schon »überaus stur« gewesen.

Wie genau der Streit weiterging, ob und auf welche Art die Situation eskalierte, bleibt unklar. Von weggeschobenen und umgeworfenen Absperrgittern ist die Rede, von einem aufheulenden Motor. Ob K. sie wirklich mit seinem Porsche anfuhr oder »nur« drohend den Wagen anließ – dafür gibt es keinen unbeteiligten Zeugen. Der herbeigerufene Filmkollege kam zu spät, konnte nur noch ein Foto vom abdrehenden Fahrzeug machen. Ein zweiter Autofahrer, der im Sperrbereich aufgehalten wurde, ein Freund und Nachbar von Herrn K., mischte nicht mit. »Ich fand das Ganze eher lustig, wie es da hin und her ging.«

Professor und Cutterin blicken also weiter sehr unterschiedlich auf den fraglichen Morgen. Der eine betont seine Angst um den Sohn, die andere ihre Sorge um die Filmarbeiten. »Homeland«, die US-amerikanische Fernsehserie um Terrorakte, Geheimdienste und die blonde Agentin Carrie Mathison ist für alle Beteiligten mehr als ein Prestigeobjekt. Allein die zwölf Episoden der fünften Staffel, für die die Region Berlin-Brandenburg 2015 als Kulisse diente, kosteten nach Studioangaben gut fünfundvierzig Millionen Dollar. An die tausend Leute beschäftigte die Produktion hier über Wochen, über hundert verschiedene Straßen und Plätze finden sich als Location in den Filmsequenzen wieder, manche nur für Sekunden.

Camilla J., die Frau vom Filmset, weiß um den immensen Aufwand, den Zeitdruck, die unbedingte Perfektion, die noch vom kleinsten Dreh verlangt wird. Und sie ahnt auch, welche Konsequenzen gedroht hätten, wäre sie weich geworden, als der Porschefahrer sie bedrängte. Sie konnte einfach keine Ausnahme machen, sagt Camilla J.: »Wir hatten einen Drohnen-Dreh, so was ist sehr gefährlich. Aus der Luft wurde eine Verfolgungsjagd mit schnellen, hochmotorisierten Autos gefilmt, da darf nichts schiefgehen.«

Für die Dreharbeiten an diesem Tag lag übrigens sehr wohl eine behördliche Genehmigung vor, auch die Absperrung durch das Filmteam war erlaubt und klar geregelt, die Polizei wusste Bescheid. Es handelte sich um eine sogenannte Intervall-Sperrung, die immer wieder für Durchfahrten unterbrochen wird.

Dass Camilla J. während des Drehs niemanden durchwinken durfte, steht damit außer Zweifel. Ob sie einen Ungeduldigen, einen Uneinsichtigen aber auch dann aufhalten muss, wenn er sich nicht an das Verbot hält? Mit ihrem Körper? So zumindest hat die Filmfrau es selbst geschildert: dass sie mit dem Cabriofahrer um die Passage stritt, dass sie sich ihm den Weg stellte und er sein Auto zweimal frontal anrucken ließ, um sie wegzuschieben. Schienbein und Knie hätten ihr geschmerzt vom Anprall. »Aber es blutete nichts und ich konnte weiterarbeiten«, schildert Camilla J. das Gemenge rund um »Homeland«.

Für zehn Minuten unterbricht die Richterin die Verhandlung, um mit dem Staatsanwalt und K.s Verteidigerin das bisher Gehörte zu bewerten. Sie müssen sich schnell einig geworden sein in ihrer Meinung, denn plötzlich ist alles vorbei. Eine »gefährliche Körperverletzung nach § 224 StGB« und eine »Unfallflucht nach § 142«, lasse sich so nicht beweisen, doziert die Richterin. Dieser Vorwurf wird fallengelassen. Und wenn der Professor für seine Ignoranz und Unbeherrschtheit der Cutterin gegenüber eine Geldbuße von dreitausend Euro zahlt, in Raten, dann gilt das Verfahren als eingestellt, seine Ehre ist wiederhergestellt.

Der grüne Porsche hat keinen Schaden genommen. Am schönen Wannsee wird es wieder Dreharbeiten geben. Und auch Sperrungen.

11. Sterben und sterben lassen

Eine Frau erstickt ihren todkranken Mann mit einem Kissen. Auf eigenen Wunsch. Muss das bestraft werden?

Catherine D. hält dem Richter einen Zeitungsartikel entgegen. »Ich weiß nicht, ob Sie diesen Fall kennen. Ich hörte von ihm genau an jenem Tag, als ich erfuhr, dass ich heute hier vor Ihnen sitzen werde. Und er hat mir Mut gemacht, ganz offen mit Ihnen über den Tod meines Mannes zu sprechen. Bei uns war ja alles ein wenig anders, aber auch wir hatten beschlossen, uns gegenseitig beim Sterben zu helfen, wenn es mal ganz schlimm kommen sollte.«

Der Richter lässt sich den Ausschnitt geben, überfliegt die Zeilen, streicht das Papier glatt, bevor er fragt, ob er sich eine Kopie ziehen darf. Er kennt den bayerischen Fall nicht. Der Richter ist sehr jung. Er hatte vielleicht noch keine Erfahrungen mit sterbenskranken Angehörigen. Aber die Ermittlungsakten der niedersächsischen Polizei liegen vor ihm auf dem Tisch, in denen steht, dass Catherine D. ihren Mann Hubert mit einem Kissen erstickt hat. Auf eigenen Wunsch.

Tötung auf Verlangen wird in Deutschland noch bestraft, Beihilfe zum Suizid nicht. Die Grenzen verschwimmen, wenn nahe Angehörige helfen, einen solchen Wunsch zu erfüllen. Vorausgesetzt, der todkranke und sterbenswillige Mensch hat dieses »eigene Verlangen« und am besten schriftlich festgehalten.

Das ist im Fall des Ehepaares D. die Krux. Es gibt keine Patientenverfügung, kein Testament. Siebzehn Jahre lang waren die beiden verheiratet. Geredet haben sie, wie Catherine D. sagt, »über alles«. Aber nur für sich und wenn sie allein waren. Das waren sie oft. Keine Kinder, keine Geschwister, keine früheren Bindungen. Sie Angestellte bei der Stadt, er im Ruhestand. Mit den Nachbarn verstanden sie sich gut. Sie besuchten sich manchmal zum Rommé. Doch über den Tod sprechen, das eigene Sterben? »Das macht man doch nicht mit Halbfremden.« Die 60-Jährige schüttelt den Kopf. »Als Hubert 2005 an Prostatakrebs erkrankte, waren die Ärzte noch optimistisch. Das sei ja beinahe eine Allerweltskrankheit, trösteten sie und verschrieben Langzeithormone, gaben Spritzen und Tabletten. Das ging auch lange gut.« Dann folgten Knochenschmerzen, Atemnot, Fieberanfälle. Zwei, drei Jahre lang ertrug Hubert D. alles klaglos, da die Symptome auch immer wieder abklangen. Sie kamen und gingen.

Aber er wurde schwächer. Bei einem seiner einsamen Angelausflüge ins mecklenburgische Land – hierher hatte sich das Paar über den Sommer zurückgezogen – brach er zusammen und wurde erst am darauffolgenden Abend zufällig gefunden. Catherine D. hatte ihn als vermisst gemeldet. Er galt als Herr seiner Sinne und manchmal auch als ein wenig eigenbrötlerisch, da setzt die Polizei nicht sofort Suchtrupps ein.

Hubert D. kam dehydriert und unterkühlt ins Krankenhaus, die Blutwerte erschreckten die Ärzte. Intensivere Untersuchungen bewiesen wenig später Metastasen in der Lunge, im Gehirn und im Bereich der Beckenknochen des pensionierten Lehrers. Er sollte in eine Spezialklinik verlegt werden. Das wollte er nicht. »Jetzt noch nicht …«, soll er erklärt haben. Die Mediziner willigten ein. Er könne sich erst einmal zu Hause bei seiner Frau erholen und alle weiteren Schritte abwägen.

Hubert D. ging nie in eine Spezialklinik. Er blieb bei seiner Frau. Sie versuchte, ihn zu pflegen und aufzupäppeln, aber er kam nicht mehr aus dem Haus, an manchen Tagen nicht einmal mehr aus dem Bett. Der Hausarzt gab Schmerzmittel, immer stärkere. Bis sich das Ehepaar entschloss, das Leiden zu beenden. Hubert D., so sagt seine Frau, wollte selbst eine Entscheidung treffen. Er nahm mit ihrer Hilfe alles, was von den verordneten Medikamenten, Novaminsulfon-Tropfen und Hydromorphon-Tabletten, noch übrig war, setzte sich aufs Sofa, legte eine CD ein. Sie sagt, sie hatte ein gutes Gefühl.

Dann aber wurde Hubert D. übel, er erbrach sich, röchelte, bekam kaum Luft. Leise soll er geflüstert haben: »Bring's bitte zu Ende«. Behutsam, aber ohne zu zögern, drückte ihm Catherine D. das Kopfkissen, das sie aus dem Nebenzimmer holte, aufs Gesicht. Sie glaubt, eine Viertelstunde lang. Vielleicht auch mehr. Sie blieb neben ihm sitzen. Die CD verstummte. Der im Morgengrauen ins Haus gerufene Bereitschaftsarzt erstattete Anzeige.

Der Vorwurf »Totschlag« steht im Raum, so lautet die womöglich etwas übereilte Anklage. Catherine D.s Rechtsanwalt erläutert anhand anderer Urteile, der aktuellen Debatte um die Sterbehilfe in Deutschland und juristischer Literatur, dass er im ungünstigsten Fall bei seiner Mandantin eine »Tötung auf Verlangen« sieht. Und auch die ganz nahe an der »Beihilfe«. Das Gericht zieht sich ins Beratungszimmer zurück. Staatsanwältin und Verteidiger diskutieren noch kurz miteinander, scheinen sich aber einig. Sie schließen die Akten.

Der Fall wird im allseitigen Einvernehmen eingestellt. Der Satz »Käthchen, ich danke dir. Du warst immer bei mir, wenn ich Dich brauchte« im Abschiedsbrief sprach wohl dafür, dass hier keine zu bestrafende Tat vorliegt.

Ohne Verurteilung endete im letzten Jahr übrigens auch die Anklage gegen den Notarzt Andreas B., der im bayerischen Deggendorf zu einem Selbstmordversuch gerufen wird. Ein schwer krebskrankes Ehepaar hat sich mit Tabletten und Morphium das Leben nehmen wollen. Die Frau ist schon tot, der Mann liegt im Sterben. Der Sohn informiert wegen des Suizids zwar die Polizei, betont aber ausdrücklich, dass er den Willen seiner Eltern respektiere und er keinen Rettungsdienst in dieser Situation wünsche. Er verweist auf Patientenverfügung und Abschiedsbrief. Die Polizei ruft den Notarzt trotzdem und verlangt von ihm einzugreifen, um den 84-Jährigen zu retten. Im Sterbezimmer entbrennt ein heftiger Streit: Der Sohn droht dem Notarzt, er werde ihn wegen Körperverletzung anzeigen, wenn er seinen Vater behandelt – die Polizei kündigt Zwangsmaßnahmen an, falls er sich verweigert.

Nun muss ad hoc ein Staatsanwalt einschreiten: Er zwingt den Mediziner Andreas B., den Bewusstlosen zu reanimieren und ins Krankenhaus einzuliefern. Intubation, künstliche Beatmung, Venenpunktion, das volle Programm. Kurze Zeit später verstirbt Herr M. Und die Staatsanwaltschaft Deggendorf erhebt Anklage gegen den Arzt: Er habe sich des Totschlags durch Unterlassen schuldig gemacht, weil er den Sterbenden nicht sofort intensivmedizinisch versorgte. »Totschlag bedeutet Berufsverbot für einen Arzt«, sagt Dr. B., »den privaten Konkurs. Ich wollte den Mann nicht töten, ich habe doch nur seine Rechte gewürdigt.«

Das zuständige Landgericht entscheidet für den Notarzt und lehnt die Eröffnung einer Hauptverhandlung ab. »Nach unserer Auffassung läuft diese rigide strafrechtliche Sichtweise dem Selbstbestimmungsrecht des Patienten zuwider.« Es bestätigt damit, dass das Verhalten des Arztes in diesem konkreten Fall rechtmäßig war und der Suizidwille des Patienten seiner Hilfeverpflichtung entgegenstand.

Catherine D., die über das TV-Magazin »Report München« auf den Prozess im Bayerischen aufmerksam wurde, hat alle Zeitungsartikel, die sie dazu fand, gesammelt. Als Talisman trug sie einen dieser Ausschnitte bei ihrer eigenen Verhandlung bei sich.

12. »Was habe ich dir getan?«

Ein Bus ist voller Fahrgäste – und ein 35-Jähriger rastet komplett aus und vergisst sich mit einer üblen rassistischen Tirade.

»Unter normalen Umständen wär mir dit nich passiert«, gibt sich der Angeklagte zerknirscht. »So bin ick nich. Und hätt ick früher jesehen, dass 'n Kind dabei is, wär die Nummer sowieso ausjefallen.« Thorsten B. ist ein Mann vom Bau, ledig und kinderlos. Verletzt seit einem Unfall vor gut zwölf Wochen. Er humpelt noch, nun immerhin ohne Krücken, er geht zur Reha und hofft, bald wieder arbeiten zu können. Seine Anwältin springt ihm bei: »Ich kenne Herrn B. schon lange, und glauben Sie mir, wenn ich sage schon lange, dann meine ich, wirklich sehr lange. Er ist eigentlich kein spontaner, kein aggressiver Typ. Eher ruhig.«

B. nickt und kratzt sich den kurzen, lichten Bart, der deutlich länger als drei Tage keinen Rasierapparat gesehen hat. Um sich seiner Verteidigerin zuzuwenden, muss sich der 35-Jährige seitlich drehen, er sitzt nicht neben ihr, sondern ganz vorn, beim Richter. Warum der Gerüstbauer und die Juristin sich schon lange kennen, wird später zur Sprache kommen.

Zunächst interessiert den Richter der konkrete Vorfall. Denn: Was heißt »eigentlich« in diesem Kontext? Was »unter normalen Umständen«? Und was ist geschehen, dass der angeblich doch eher ruhige Thorsten B. derart seine Fassung verlor und so massiv ausrastete, wie er es tat?

Das ist geschehen: An einem Junimorgen, früh, kurz nach sieben, schieben sich an einer Haltestelle zwei Dutzend Leute in einen Bus. Drinnen drängen sich bereits alle dicht an dicht. »Es dauerte ewig«, murrt der Angeklagte, als er sich zurückerinnern soll. Können die nicht den nächsten Bus nehmen, will er gedacht haben. Es sei doch schon eng genug. Der Fahrer mahnt, durchzutreten. Aber wohin? »Es wollten immer noch welche rein – SIE auch.« Thorsten B. dehnt das »sie«. »SIE stand so blöd in der Tür, dass die nicht zuging. Und dann dreht SIE sich auch noch um und knallt mir volle Kanne den Rucksack an den Kopp.« Da sei er ausgetickt.

Laut Zeugenaussagen und Polizeiprotokoll von jenem Tag hat Thorsten B. die ihm völlig unbekannte Frau, die ihren siebenjährigen Sohn zur Schule bringen wollte, mit beiden Händen aus dem Bus gestoßen, sie fiel auf den Boden, und weil ihm das offenbar nicht reichte zum mentalen Entladen, rief er die Worte »Negerschlampe«, »Du Schwein«, »stinkende alte Frau«, »Verschwinde zurück nach Afrika!« hinterher. »Kann das sein?«, fragt der Richter ungläubig. B. murmelt, dass die Wortwahl wohl stimme.

Nun wird die Frau, der diese wüsten Beschimpfungen galten, in den Gerichtssaal gerufen. Sie ist die Geschädigte. Sie soll erzählen, wie sie den Vorfall erlebte. Der Kontrast zwischen dem etwas unscheinbaren rotblonden Gerüstbauer in seinem grauen Schlabber-Shirt und der eleganten dunkelhäutigen, ganz in Rosétöne gekleideten Biologin, die aus Nigeria stammt, könnte kaum größer sein. Ihre Erscheinung füllt den Raum, in ihren tiefdunklen kupferroten Locken glänzt die Sonne, ganze Wellengebirge bauschen sich um ihren Kopf und werden im Nacken gebändigt.

Ein Dolmetscher begleitet Georgina I. Auch er ist eine imposante Gestalt mit wehendem weißen Haar, ein Shakespeare. Sie kommunizieren in bühnenreifem Englisch. Mit viel Verve übersetzt der Herr im schwarzen Anzug jede Frage des Gerichts, jede Antwort des Opfers. Mitunter geht es um Nuancen. Wurde Frau I. geschubst oder gestoßen? Trug sie lediglich ihre Handtasche über der Schulter oder für einen Moment auch die Schultasche des Sohnes? Lag sie der Länge nach auf der Straße oder noch gestützt auf Hände und Knie? Wo verspürte sie welchen Schmerz? Vor allem aber: Was genau wurde gesagt?

Die Schimpfworte, die sie trafen, wiederholt die Nigerianerin erst auf Englisch, dann unmissverständlich auf Deutsch. Die habe sie sehr wohl verstanden, fügt sie hinzu. »Ich lebe hier, ich bin der Sprache schon ein bisschen mächtig.« Und sie hat sich an jenem Junimorgen auch verbal gegen den Angreifer gewehrt. »Warum tust du mir das an?«, versuchte sie ihn zur Rede zu stellen. »Was habe ich dir getan? Sag es mir!« Doch statt sich zumindest erschrocken zu zeigen und kleinlaut zu entschuldigen, motzte Thorsten B. ungehemmt weiter.

So lange, bis andere Fahrgäste eingriffen. Sie halfen Georgina I. vom Boden auf und begleiteten sie zurück in den Bus. Der Fahrer wartete. Das Kind weinte, jemand tröstete es, ein junger Mann rief die Polizei. Die stand kurz darauf am nächsten Bushaltepunkt und nahm Thorsten B. aus dem Verkehr. Zeugen machten ihre Aussage, Frau I. brachte den Jungen noch pünktlich zur Schule und suchte dann einen Arzt auf, der diverse Prellungen im rechten Schulter-, Thorax- und Hüftbereich attestierte.

Die Anklage gegen Thorsten B. lautet auf vorsätzliche Körperverletzung und rassistische Beleidigung, der Richter setzt noch hinzu: Nötigung. Frau I., sollte den Bus verlassen, deshalb die Gewalt. Ob sie ihn im Gedränge zuvor wirklich mit der Tasche unsanft streifte, kann niemand bestätigen. Es spielt auch keine Rolle. Überfüllung im Bus ist in einer Großstadt Alltag. Thorsten B. musste sich keiner Gefahr erwehren. Er war einfach nur wütend, und es brach aus ihm all das heraus, was »bei manch einem in der alleruntersten Schublade schlummert«. So nennt es der Richter. Bösartige, rassistische Ressentiments. »Ich schäme mich dafür«, sagt der Angeklagte. Und seine Verteidigerin setzt schnell hinzu, dass er Frau I. nicht deshalb beleidigt habe, weil sie schwarz sei. Sondern weil er sich bedrängt fühlte. »Seine Tirade klingt rassistisch, eindeutig. Aber sie ist nicht rassistisch gemeint.« So gut glaubt sie ihn zu kennen. B. nickt wieder.

Kurz bevor er sein Urteil spricht, verliest der Richter die Einträge, die gegen Thorsten B. bereits im Strafregister vorliegen. Es sind etliche. Manche liegen Jahre zurück. Verurteilungen wegen sogenannter Erschleichung von Leistungen, Gefährdung des Straßenverkehrs, Fahrens ohne Führerschein, aber auch ein Diebstahl und Körperverletzung wurden bestraft. Zuletzt ein illegal abgestelltes Auto und ein Verstoß gegen das Betäubungsmittelgesetz. Insofern kennen sich Mandant und Verteidigerin wirklich schon lange.

Thorsten B. beteuert, dass es das letzte Mal sei, dass man sich seinetwegen vor Gericht treffen müsse. »Ich will mich hier nie wieder sehen lassen!« Der Richter entscheidet: ein Jahr und vier Monate Haft – letztmalig ausgesetzt zur Bewährung, dazu eintausendzweihundert Euro Geldstrafe. »Und dann Tschüss statt Auf Wiedersehen.«

13. Hinter der Maske

Mit einem Halloween-Utensil erlaubte sich ein Pfleger in einem Altenheim einen üblen Streich. Nein, keinen Streich! Er verbreitete Horror, und das fanden die Bewohner alles andere als lustig.

Haddonfield, Illinois, USA. Es ist der Abend vor Allerheiligen. Der sechsjährige Michael Myers und seine Schwester Judith sind allein im Haus der Eltern, die auf einer Party feiern. Filmschnitt. Die Kamera folgt einer Person, die sich ein Messer greift und abwartet. Dann tritt das schattenartige Wesen auf die Treppe. Es setzt sich eine Maske auf, geht in das Zimmer des Mädchens und sticht zu. Hinter der Maske – aber das erfährt man im Film erst später – verbirgt sich Michael, der Bruder, der fortan sein Leben in der Psychiatrie verbringt. Sein Arzt kämpft um eine Unterbringung in der Sicherungsverwahrung. Doch fünfzehn Jahre später, am Abend vor Halloween, gelingt Michael die Flucht. Und wieder wird er die weiße Maske tragen. Wieder wird er morden. Scheinbar ohne Motiv.

Genau so wollte es Regisseur John Carpenter in seinem genreprägenden Horrorfilm »Halloween – die Nacht des Grauens« 1978. Und wer immer Jahrzehnte später noch Vergnügen daran findet, andere mit jenem grausig-leeren Gesicht zu ängstigen, der kann sich das schneeweiße Antlitz schon für knapp zwanzig Euro versandkostenfrei zusenden lassen. Spezielle Masken,

»Ganzkopfvarianten« mit Blut und Haar, gehen ein bisschen stärker ins Geld, versprechen dafür »super realistisch« zu sein und »sehr angenehm zu tragen«.

Wegen einer solchen Latex-Maske und eines vermeintlichen Blackouts steht nun der achtunddreißigjährige Altenpfleger Marcel A. vor Gericht. Wie oft er jenen Hollywood-Thrillers sah und ob der womöglich etwas in ihm auslöste, das wird der weichgesichtige Mann mit dem welligen Haar und der leicht pummeligen Statur nicht gefragt. Es tut wahrscheinlich auch nichts zur Sache. Es war November, als er die Maske mit zur Arbeit nahm und sie dem Azubi zeigte, der mit ihm auf der Pflegestation eines Vivantes-Altenheims Dienst tat. Fünfundfünzig teils schwerkranke, auch drogenabhängige und demente Patienten – man spricht in dem Haus natürlich von »Bewohnern« – leben hier.

Sie werden tagsüber von vier bis fünf, nachts oft nur von zwei Pflegern betreut. In jener Spätschicht, als die Maske im Spind lag, arbeitete der ungelernte Helfer Marcel A. sogar allein mit dem Auszubildenden. Das widerspricht zwar der Regel, die eine examinierte Fachkraft vorschreibt. Aber nicht immer lassen sich Regeln durch Krankheit oder Ausfall einhalten. Die Stations-, pardon: Wohnbereichs-Leiterin erinnert sich weder an die Nacht im November noch an den Dienstplan, und sie mag sich auch gar nicht vorstellen, dass ein Helfer und ein Azubi allein gewesen war. Doch der Angeklagte beteuert, dass es damals so gehen musste. Und dann flüstert er unter Tränen noch, dass ihm das alles ja »wahnsinnig leid« täte, dass er auch nicht wisse, was in ihm vorging. Wieso? Weshalb? Er zermartere sich den Kopf. Das Ganze sei »so unwirklich«.

Marcel A. sieht tatsächlich ziemlich zermürbt aus. Jetzt, vor Gericht, drei Jahre nach der Tat, konfrontiert mit dem Vorwurf, er habe einen Schutzbefohlenen misshandelt. Der Patient, Herr N., 53, impulsiv, aber »eigentlich ganz okay«, wie sein Pfleger ihn beschreibt, leidet unter seinem jahrelangem Alkoholmissbrauch. Er kann nicht mehr für sich sorgen, wird schon lange betreut. »Kognitiv«, so vermerkt die Akte, sei er »stark eingeschränkt«, sein Denken auf dem Niveau eines Kleinkindes. Er ist zu krank, um vor Gericht auszusagen, vielleicht wüsste er auch nicht mehr, was ihm geschah.

Doch es gibt ein Handy-Video, das zeigt, wie er aus dem Schlaf schreckt, die Augen aufreißt und herzzerreißend zu schreien beginnt. Und das nicht etwa, weil er schlecht geträumt, sondern weil ihn sein Pfleger Marcel A. in Panik versetzt hatte. Weil der, als schattenartiges Wesen mit Kunstblut an der Schläfe und einer schneeweißen, ausdrucksleeren Maske vor dem Gesicht, die Tür zum Zimmer aufstieß, das Nachtlicht anknipste, ans Bett schlich und sein gespenstisches Antlitz dicht über den psychisch Kranken beugte, ihm sein Stöhnen direkt ins Gesicht stieß. Mit einem Ruck fährt der Schlafende hoch, scheint schreckliche Angst auszustehen und brüllt. Noch Tage und Wochen nach diesem Vorfall, so berichten es Angestellte des Heims, wäre der Patient verschreckt gewesen, hätte nachts eingenässt und seine »Impulskontrolle« verloren. Sie wussten nur nicht, warum.

Aber halt. So ganz stimmt das nicht. Denn Marcel A. zog seine fiese nächtliche Attacke nicht etwa allein durch. Nein, er hatte den Azubi Florian an seiner Seite, und der filmte das Drama sogar noch. Am nächsten Morgen fanden sechs weitere Angestellte des Heims – allesamt Mitglieder einer WhatsApp-Gruppe – das Grusel-Video auf ihren Handys.

Das bringt die Richterin außer Fassung. »Sie verschicken diesen Horror auch noch? Wollen sich aufspielen? Und niemand stellt Sie zur Rede?« Der Angeklagte blickt kurz von seinen Schuhspitzen auf, bekennt: »So richtig lustig fanden die es wohl nicht. Ich bekam schon Sätze zurück wie: Hast du noch alle Tassen im Schrank?« Aber mit ihm gesprochen darüber, nein, das hätten die anderen nie. »Denen war das, wie mir, dann vielleicht irgendwie peinlich.« Da schweigt man lieber.

Monate später – und womöglich erst durch eine private Affäre beziehungsweise Nicht-Affäre ausgelöst – findet sich schließlich doch eine Kollegin, die sich der Stationsleitung anvertraut. »Ich kam damit nicht mehr klar, es entsprach nicht meinem Arbeitsethos«, berichtet die Zeugin vor Gericht. »Mein Gewissen …« Sie und Marcel waren damals sehr vertraut miteinander. »Entschuldigung, verstehe ich Sie richtig? Es dauerte drei Monate, bis Sie Ihr Gewissen spürten?«, empört sich die Richterin, die eben noch mit anhören musste, dass es offenbar doch Leute in der WhatsApp-Gruppe gab, die den nächtlichen Horror »ganz witzig« fanden. »Ich weiß nicht«, entgegnet die Zurechtgewiesene leise, »man schwärzt doch keinen Kollegen an.«

Auch die Heimverantwortliche, die verspätet von dem Video erfuhr und dafür sorgte, dass Marcel A. erst beurlaubt und dann gekündigt wurde, muss eingestehen, dass es weitere Konsequenzen auf der Pflegestation nicht gab. Offenbar waren alle heilfroh gewesen, einen Schuldigen gefunden und als Grund einen »Blackout« ausgemacht zu haben. Er sei immer freundlich und hilfsbereit gewesen, der Marcel, versichern die Kollegen, und auch über zu viel Belastung habe er nie geklagt.

Immer nur freundlich, immer nur hilfsbereit? Die Richterin fragt ungläubig nach. Kann man das sein in einem so fordernden Beruf? A.s Lieblingskollegin, die Zeugin, sucht nach einem passenden, möglichst neutralen Wort. Sie findet: wertschätzig. »Marcel war gern spaßig mit den Bewohnern, aber vielleicht nicht immer wertschätzig.«

Einmal, das steht in der Anklage, soll er einer älteren Heimbewohnerin zwei Ohrfeigen gegeben haben, weil die sich gegen das Waschen sperrte. Marcel A. erzählt von jenem Tag. »Es war Winter, schon richtig kalt, aber Frau R. wollte unbedingt zum Rauchen raus auf die Terrasse. Da stand sie dann ewig in ihrem Rollstuhl und weigerte sich reinzukommen. Das Rauchen war ihr wichtiger als alles andere. Immer. Wir redeten auf sie ein …«

Nebenbei musste aber auch noch Kaffee ausgeschenkt werden für die anderen Bewohner. Als Marcel A. merkte, dass die Frau im Nassen saß, duldete er keinen Widerspruch mehr. »Sie war sogar völlig eingekotet. Sie sträubte sich gegen die Pflege, schimpfte. Es dauerte bestimmt eine halbe Stunde, ehe ich sie wieder sauber und umgezogen hatte.« Regelrecht zickig sei sie da gewesen. Solche Momente kamen vor bei der »ansonsten netten alten Dame«. »Nur das Waschen, das mochte sie nicht.«

Die Schläge allerdings bestreitet Marcel A. heftig, und auch seine Kollegen erinnern sich nicht mehr daran, so etwas je gesagt oder erfahren zu haben. Ein Missverständnis? Frau R., die es vielleicht besser wüsste, lebt nicht mehr. Also entfällt dieser Anklagepunkt.

Es bleibt die verstörende Gruselattacke mit der Michael-Myers-Maske, das Erschrecken und Verängstigen eines dem Pflegepersonal hilflos ausgelieferten psychisch Kranken, der durchaus mitunter widerspenstig und verstört, unbequem und anstrengend gewesen sein mag. Im Gesetz heißt der Vorwurf: Misshandlung eines Schutzbefohlenen. Mindeststrafe: sechs Monate Haft.

So urteilt auch das Gericht. Anders als es sich Marcel A. selbst eingestehen will, glaubt der Verteidiger an eine mentale Überforderung seines Mandanten. Möglicherweise habe er zu viel in sich reingefressen und hinter der Maske dann ein »gesichtsloses Wesen« für seinen Ausbruch gesucht. Anonymität. Ein Vor-sich-selbst-Verstecken. Die Staatsanwältin sah es ähnlich. A. wird nicht ins Gefängnis geschickt. Er darf sich bewähren, muss eintausendzweihundert Euro in Monatsraten an die Opferhilfe zahlen und hofft, im Herbst eine Umschulung zu beenden. Er arbeitet schon länger nicht mehr in der Altenpflege. Er wird Lokführer.

14. Unser Ein und Alles

Eines Tages lief Dackel Bonnie einfach weg. Und zwei Paare streiten, wohin das Tier gehört: Brandenburg oder Bayern?

Es gibt ein Foto von Bonnie, das keinen Hundefreund kalt lässt. Aus treuen Kulleraugen schaut das wenige Wochen alte schokobraune Dackelwesen in die Welt. Neugierig, sagen seine Besitzer, abenteuerlustig, ohne Arg sei er. »Bonnie war unser Ein und Alles.« Und ebenso anrührend wie das Bild aus dem Album mutet die Geschichte an, die sich seitdem um Bonnie rankt und von zwei Familien erzählt, die an dem einstigen Welpen hängen, ihn lieben, ihn für sich haben wollen – und an ihm zerren. Ließe sich das Tier ohne Schaden dehnen, wären die Ohren sozusagen in Brandenburg und der Schwanz in Bayern.

Ein Gericht muss urteilen. Es ist schon das zweite, die höhere Instanz, das Landgericht. Erbittert wird zwischen den beiden Parteien gestritten, die doch nur eines wollen: das Beste für Bonnie. Aber was ist das Beste für einen ungestümen jungen Vierbeiner, der seinem Herrchen bei einem Ausflug ausbüxt, von Fremden gefunden wird, eine neue Heimat und Familienanschluss bekommt? Wohin gehört das Tier? Wohin soll es?

Tierschützer und Hundezüchter landauf, landab haben diese Frage inzwischen diskutiert. Es gibt kein einheitliches Credo. Aber es existieren juristische Regeln.

Und die besagen, dass der Finder »einer Sache« – und im Sinne der Paragrafen ist eben auch ein Dackel zunächst einmal nichts anderes – seinen Fund ordnungsgemäß melden muss. Die zuständige Behörde kann eine Gemeinde sein oder die Polizei. Fundsachen kommen meist ins Fundbüro, Fundtiere ins Tierheim. Doch es gibt nicht überall Tierheime. Oder die Plätze in den Tierheimen sind knapp. Deshalb kann der Finder das ihm zugelaufene Tier oft sogar bei sich behalten, es erst einmal versorgen, ihm eine artgerechte Bleibe geben und auch gern mit ihm kuscheln. Nur muss der ursprüngliche Besitzer eine faire Chance bekommen, sein Eigentum zurückzuerhalten. Meldet er sich dann binnen sechs Monaten nicht, kann der ehrliche Finder das Fundtier als »seins« erwerben.

Soweit die Theorie. Bei Bonnie ist alles ein bisschen anders. Bonnie lief einfach weg, als Herr K., ein siebzigjähriger pensionierter Jäger, die noch ziemlich unerfahrene Hündin im Frühjahr 2012 mit zu einer Veranstaltung ins brandenburgische Beelitz nahm. Durch die geöffnete Autotür entfleuchte das Tier. Stundenlang, so erzählt ein Enkel des alten Herrn, hätten sie damals im Wald nach Bonnie gesucht. Allein der Dackel blieb verschwunden. Und keiner hatte ihn gesehen. Außer einem jungen Ehepaar aus der Nähe von München. Das befand sich gerade im Urlaub in der Mark Brandenburg und entdeckte den Welpen, allein und verlassen, am Rand einer Autobahnabfahrt. Weit und breit war kein Mensch. »Wir konnten es doch nicht einfach dort sitzen lassen«, entschied die gelernte Erzieherin, die

Bonnie fand. Auf Zetteln an Bäumen und Straßenlaternen in unmittelbarer Nachbarschaft hätten sie und ihr Mann den Fund kundgetan und nach den Eigentümern gefragt, aber es meldete sich niemand. So kam Bonnie als »Lulu« mit zu ihnen nach Bayern und lebte dort fortan glücklich und umsorgt als Familienhund.

Dass es dem Hund in der Ferne gut ging, daran besteht kein Zweifel. Es gibt Rechnungen, die belegen, wie viel Geld die Randmünchener in den vergangenen Jahren für das Hundetier ausgaben – für die Erstausstattung, für Spielzeug und Futter, für ärztliche Behandlungen, Impfungen, Ferienunterbringung in einer Pension und so weiter und so fort. Dutzende auf Facebook gepostete Fotos zeigen einen verspielten und verschmusten Hund. Dass Dackeldame Bonnie-Lulu aber einen Chip im Fell trägt, mit dem jeder Halter – wenn er denn will – die Herkunft ermitteln kann, das kehrt die gute Absicht in diesem Fall rechtlich um. Warum wurden die Daten damals nicht schnell ausgelesen und die Eigentümer informiert? War den Findern damals schon klar, dass sie »ihr« Hündchen womöglich gleich, vielleicht noch gegen einen Finderlohn, hätten hergeben müssen?

Stattdessen blieb Lulu inkognito in Süddeutschland wohnen, wo sie wohl heute noch wäre, hätten die Pflegeeltern nicht den Ehrgeiz verspürt, für ihr Findelkind endlich auch Rassehund-Papiere vorweisen zu können. Ein Züchter wurde beauftragt. Der erkannte den Chip, identifizierte den Hund als »Bonnie von Beelitz«. Herr K., der Jäger aus Ferch, weinte vor Glück, als er hörte, dass sein so lange vermisster Liebling lebt!

So ist die Geschichte überliefert, und so erzählen sie auch die erleichterten Brandenburger Rentner vor Gericht. Denn dass sie ihren Hund um jeden Preis wiederhaben wollten, das stand für sie sofort fest. Koste es, was es wolle.

Akkurat hat das Gericht gerechnet, Belege geprüft und sich kundig gemacht, um dieses »Koste es, was es wolle« zu beziffern und den Rechtsstreit ein für alle Mal zu beenden. Es fand, 3.271,16 Euro seien eine angemessene Entschädigung für die Aufwendungen, die nötig waren, um den Dackel vier Jahre und vier Monate lang in München zu versorgen. Zahlen die rechtmäßigen Besitzer diesen Betrag, dann darf Bonnie künftig wieder im märkischen Sand buddeln. Fließt das Geld nicht, bleibt der Dackel ein Bayer, so die Ansage.

Doch auch ein gerichtliches Urteil kann noch Fragen aufwerfen. Wo nämlich soll das Geld-Hund-Tauschgeschäft stattfinden? Mehr als fünfhundert Kilometer liegen zwischen den zerstrittenen Parteien.

»Schuldrechtlich gesehen hat die Übergabe am Wohnsitz meiner Mandanten stattzufinden«, verkündet der Münchener Anwalt. Als neutrales Terrain schlägt er den dortigen Franz-Josef-Strauß-Flughafen vor, sozusagen die »Glienicker Brücke« des Dackel-Austauschs. »Bonnie ist aus Brandenburg mitgenommen worden, also soll sie auch wieder hergebracht werden«, verlangen die rechtmäßigen Eigentümer.

Neues Tauziehen droht. Doch dann haben die Älteren ein Einsehen. Und vielleicht ist ja auch Bonnie jetzt erwachsen genug, um nicht wieder zu entwischen.

15. Ein letztes Smiley

Viele Jahre psychiatrischer Behandlung liegen hinter einem 29-Jährigen, als er wieder einmal Feinde sieht, sich verfolgt fühlt und eine junge Frau vor die U-Bahn stößt.

»Amanda K. hatte keine Chance. Sie war zur falschen Zeit am falschen Ort.« Das sind die fast gleichlautenden Worte des Richters, der Staatsanwältin, des Verteidigers, der Zeugen. Es sind Worte einer brutalen Logik, und kein Wenn und Aber machen Amanda, die zwanzigjährige Abiturientin, wieder lebendig. Sie starb, weil ein seit langem psychisch gestörter Hamburger sie am 19. Januar 2016 um 23.35 Uhr in Berlin vor die U-Bahn stieß. Es hätte jeden treffen können. Die beiden kannten sich nicht, sie sind sich nie zuvor begegnet, und sie hatten auch in jener Nacht kein einziges Wort miteinander gewechselt, keinen Blick getauscht.

Nach allem, was man weiß, hat Amanda K. den bulligen Mann in der knallroten Trainingsjacke ein paar Meter hinter sich nicht bemerkt. Sie stand an der weißen Markierungslinie, die den Sicherheitsabstand zur Bahnsteigkante vorgibt, tippte eine Nachricht an die Mutter in ihr Handy, war vergnügt, weil sie sich soeben von einem netten Bekannten verabschiedete hatte, und schrieb nun, dass sie gleich zu Hause sei. Das letzte Zeichen auf ihrem Smartphone war ein Smiley. Sekunden später ist Amanda tot.

Fünf Verhandlungstage sind angesetzt. Hamid E., der 29-Jährige, der Amanda tötete, gibt zu, dass er sie stieß, dass er sie »weghaben« wollte, aber er habe sie »wohl verwechselt«. Seit Monaten würden ihn auf allen Wegen zwei Frauen verfolgen, die ihn bedrohten, nur Schlechtes über ihn verbreiteten, ihn verspotteten, ihm die Freunde nähmen und andere gegen ihn aufbrächten. Erst hätten sie in Hamburg keine Ruhe gegeben, und nun tauchten sie plötzlich in Berlin auf, wohin er doch eben erst geflohen sei. »Ich konnte das nicht länger ertragen«, sagt Hamid E. emotionslos. »Aber töten wollte ich sie nicht.«

Die Zeugen, die um 23.35 Uhr wie Amanda K. auf dem U-Bahnhof standen und auf den Zug warteten, sagen anderes. Eine Altenpflegerin, die mit ihrem Partner vom Tanzen kam: »Der Mann fiel mir gleich auf, wegen seiner kräftigen Gestalt, seiner roten Jacke und den roten Schuhen. Er musterte die junge Frau vor ihm, wirkte angespannt, starrte unentwegt auf ihre Beine. Ich dachte noch: Warum guckt der so? Aber er stand ein Stück von ihr weg. Wer ahnt denn da so was?« Auch ihr Freund schildert die Situation als eigenartig, aber nicht bedrohlich. Erst in dem Moment, als die Bahn dicht vor ihm einfuhr, sah er aus dem Augenwinkel eine Bewegung. »Der Mann sprang mit gestreckten Armen geradeaus vor. Im Bruchteil eines Moments …«

Videoaufzeichnungen der Berliner Verkehrsbetriebe belegen genau diesen Ablauf. Und sie lassen keinen Zweifel an der Absicht, mit der Amanda K. heimtückisch, von hinten, vor den Zug gestoßen wurde.

Es war Mord. Das deutsche Strafrecht sieht dafür das Urteil »lebenslang« vor. Also wird auch Hamid E. sicher verwahrt werden für lange, lange Zeit. Wie lange? Das weiß heute noch niemand. Denn Hamid E. ist – strafrechtlich gesehen – kein Täter, der Einsicht in sein Tun und Lassen hat, es rational steuern kann. Hamid E. gilt seit seiner frühen Jugend als psychisch schwer gestört. Unzählige Akten aus verschiedenen Krankenhäusern, in denen er behandelt wurde, halten seine paranoide Schizophrenie und die akuten Schübe fest, seinen Verfolgungswahn, seine blinden Aggressionen.

Spätestens seit er vierzehn ist und schon einmal mit brutaler Gewalt einen Menschen angriff und dafür in den Jugendknast kam, ist E.s gefährlich-krankhaftes Wesen dokumentiert. Er, der in seinen Grundschuljahren ein freundlicher und begabter Junge war, erlebt als etwa Zwölfjähriger einen ersten seelischen Einbruch, wird unberechenbar und unbeherrscht. Die Eltern kommen nicht mehr klar, suchen ärztliche und staatliche Hilfe. Heimeinweisungen folgen, Behandlungen, dann das Gefängnis. Seine Psychosen verschlimmern sich.

Er rastet aus, wenn er sich provoziert fühlt, sieht überall »Feinde«. Er tobt, legt Brände, setzt Räume unter Wasser, stiehlt. Er bewegt sich, so wird die Krankheit beschrieben, phasenweise zwischen zwei Welten – der realen und einer, die nur er wahrnimmt, die ihn beherrscht und umgibt mit Sinneseindrücken und Erlebnissen, die Gesunde nicht nachvollziehen können. Hat dann wieder Zeiten, in denen er beinahe unauffällig lebt. Wechselnde Medikamente sollen seine Angst- und Wutzustände mildern, ihm Frieden geben. Doch kaum etwas schlägt dauerhaft an. Oder er verweigert sich, bricht begonnene Behandlungen ab. Von den fast sechzehn Jahren zwischen seiner ersten Verurteilung und dem Mord an Amanda K. verbringt er gut die Hälfte in Haftzellen oder psychiatrischen Kliniken.

Aber immer wieder glauben Ärzte und Gutachter, Besserungszeichen zu erkennen. Immer wieder wird ihm attestiert, dass nun keine akute Gefahr mehr von ihm ausginge. Er kommt dann auf freien Fuß. Manchmal kann ihn die Familie aufnehmen, mitunter gerät er geradewegs auf die Straße. Es gibt Situationen, in denen er selbst so stark an sich zweifelt, dass er freiwillig vor Krankenhaustüren steht oder randaliert, damit ihn die Polizei mitnimmt. »Ich mache so lange weiter, bis ich in Sicherheit bin«, soll er gesagt haben.

Strafanzeigen folgen auf Strafanzeigen – aber es scheint niemanden zu geben, der die Eskalation richtig deutet oder in der Lage ist, ihr zu begegnen. Psychiatrische Kliniken, in die sich ein Patient aus freien Stücken begibt oder einweisen lässt, dürfen ihn nicht gegen seinen Willen festhalten, wenn er »Schluss« sagt. Und das sagt Hamid E. oft. Ärzte schreiben dann in die Unterlagen, er sei »auf einem guten Weg«.

Sogar vom Tag vor dem tödlichen Stoß gibt es einen solchen Eintrag. Hamid E. ist gerade erst im Streit aus der Klinik geworfen worden – »weil er es forderte«, sagen die Betreuer. Ganz sicher aber auch, weil er sich erneut daneben benahm, gegen die Regeln verstieß, das Personal beschimpfte. In den Papieren steht: »wegen fehlender Behandlungsgrundlage«. Es folgt aber auch der Halbsatz »wegen fehlender akuter Eigen- und Fremdgefährdung«.

Diese Einschätzung erweist sich als dramatischer Irrtum. Hamid E. steigt nach seinem Rausschmiss in einen ICE nach Berlin, gerät in die Fahrscheinkontrolle, muss sich ausweisen. Als er nachlöst, darf er weiterfahren. Spät kommt er in der Hauptstadt an. Er sucht Quartier in einer Obdachlosenunterkunft, doch die von ihm angesteuerte ist belegt und lässt nach 21 Uhr ohnehin niemanden mehr ein. »Ich habe ihm das ganz sachlich erläutert«, erinnert sich die Diensthabende der Aufnahmestellestelle. »Er motzte auch gar nicht rum oder so. Er ging einfach weg.« Ging zur U-Bahn und erblickte Amanda.

Aktenkundig ist E. nicht nur in Hamburg, aber vor allem dort. Seine gut dokumentierte Krankengeschichte gibt ihm den Status eines Schuldunfähigen. Wird Hamid E. also wegen eines scheinbar kleineren Delikts aufgegriffen, sieht die Staatsanwaltschaft keinen Handlungsbedarf. Allein 2015 werden ein knappes Dutzend Verfahren gegen ihn eingestellt.

Der Rechtsanwalt, der Amandas Mutter vor Gericht vertritt, formuliert es so: »Man kann einen erkennbar Schuldunfähigen nicht anklagen, das wäre Rechtsbeugung.« Trotzdem will er mit Amandas Eltern beraten, ob sie nicht doch juristisch gegen die Behörden in E.s Heimatstadt vorgehen, mögliche Versäumnisse aufdecken, Schuldige benennen. Als Alternative zu Anklage,

Urteil und Haft gibt es nämlich das »Sicherungsverfahren«. In dessen Ergebnis kann ein Gericht die zeitlich unbefristete zwangsweise Unterbringung in einer psychiatrischen Einrichtung für Straftäter anordnen.

In eine solche Einrichtung kommt nun auch Hamid E. Und manchmal heißt »zeitlich unbefristet« wirklich lebenslang.

16. Flasche vom Balkon

Der Angeklagte sagt von sich, er sei ein ganz friedfertiger Mensch – und trotzdem verletzte er ein Kind, das vor seinem Haus spielte.

»So was würde ich nie machen!«, trumpft der Alte mit dem weißen Stoppelhaar und der Statur eines einstigen Möbelpackers auf. Die Anklage wirft ihm vor, er habe an einem lauen Sommerabend 2015 eine Bierflasche von seinem Balkon im ersten Stock auf eine Gruppe spielender Kinder geworfen und einen achtjährigen Jungen dadurch böse verletzt.

»Nee, nee, Frau Richterin, so bin ich nicht. Ich werf doch nichts auf Kinder! Was denken Sie denn? Ich bin ein ganz friedfertiger Mensch.« Die Richterin runzelt die Stirn. »Sind Sie sicher, dass an dem Flaschenwurf nichts dran ist?«, fragt sie eindringlich. »Wir werden den Jungen hier noch hören, er erinnert sich an Sie.« Der Angeklagte wehrt ab. »Das kann gar nicht sein. Das wüsste ich doch!«

Genau das ist allerdings das Problem. Hans K. weiß nämlich vieles nicht mehr so richtig. Es fehlt an Licht im Alkoholnebel dieses Tages. Hans K. versucht ja, sich zu erinnern, aber er sieht nur den Moment vor sich, als er mit dem Fahrrad aus dem Supermarkt zurück nach Hause kam und sich mit einer Bierflasche in der Hand auf dem Balkon postierte. Ja, es waren Leute unten auf der Straße, »irgendwelche tratschenden Weiber«, Kinder, die tobten, und dann war da dieser kleine Bengel, der nach oben zeigte, zu ihm, und seiner Mutter zurief: »Guck mal, da ist er!« Was das sollte, sagt K., wusste er nicht. »Ich stand da ganz friedlich.« Ob das jemand bezeugen könne? Der Angeklagte drückt sein Bedauern aus: »Nee, leider nicht. Der eine Kumpel ist nicht mehr auf dieser Welt, den hat's ausgehebelt.« Und der andere läge nach einem ihrer Gelage mit mehr als vier Promille im Koma. »Ganz schön traurig ist das. Ich leb noch, zum Glück.«

Ein wenig scheint sich Hans K. zu wundern, dass er noch lebt und in diesem Sommer seinen siebzigsten Geburtstag erwartet. Er war Maschinenschlosser, eckte an, wurde nach heftigem Ärger mit den DDR-Behörden einst in den Westen abgeschoben, »mit nichts weiter als einem Hemd und einer Hose«. Das, so meint er, müsse er hier doch mal sagen dürfen. »Deshalb hab ich auch nur eine kleine Rente, schlappe vierhundert Euro, ich konnte ja keine Papiere mitnehmen.« Er wohnt seitdem in Berlin-Neukölln, also »mittendrin«, wurde geschieden, hat bis zuletzt gearbeitet und ist nun »im Ruhestand«, wie er betont. Dass Hans K. sich als das sieht, was man gemeinhin einen Ur-Berliner nennt, glaubt man ihm aufs Wort – selbst dann,wenn er sich um halbwegs hochdeutsche Sätze bemüht. »Ick weeß, Se müssen ma ja vastehn, hohet Jericht.«

Aber K. formuliert flüssig und reagiert fix auf die meisten Fragen. Sogar auf die, ob nicht vielleicht auch jetzt, hier, vor Gericht, eine dezente Alkoholfahne durch den Raum wehe. »Um Jottes willn! Ick seh nüscht.« Soll heißen: Gestern Abend gab es noch zwei Bier! Das war alles. Heute sei er nur aufgeregt. Das kann die Staatsanwältin, die die Anklage vertritt, nicht so stehen lassen. »Pardon, Sie riechen aber schon ganz schön nach Alkohol«, moniert sie. »Das ist nicht nur von gestern, oder?« Der Angesprochene fuchtelt mit beiden Händen. »Heute nicht, ich schwör! Das hab ich mich nicht getraut.«

Flog nun die Flasche oder flog sie nicht? Woran hat sich der achtjährige David S. sonst so verletzt, dass seine Schnittwunde genäht werden musste und sich immer wieder entzündete? Zehn Wochen lang heilte die Verletzung nicht, trotz mehrfacher Klinikaufenthalte, Ruhigstellung im Gipsverband und ununterbrochener Behandlung mit Antibiotika. Der Junge musste einiges durchmachen in dieser Zeit, und er hat immer wieder genau dasselbe erzählt: dass er mit seinem Bruder und Freunden unten im Hof Verstecken gespielt habe, dass der Mann auf dem Balkon im ersten Stock mit ihnen schimpfte, dass sie wegliefen, aber der Mann oben mit einer Flasche nach ihnen warf. Die sei direkt neben ihm auf dem Boden zersprungen, und eine Scherbe bohrte sich in seinen Fuß. »Das blutete ganz doll.«

Den Balkon, von dem die Flasche ihren Weg nahm, konnte David S. bei der Polizei sehr gut beschreiben. Es steht also Aussage gegen Aussage. Das kommt in Strafprozessen häufiger vor. Aber dass sich ein Siebzigjähriger und ein inzwischen knapp Zehnjähriger auf diese Weise konfrontieren, ist ungewöhnlich. Auch, dass ein Gericht einen Drittklässler so ausführlich als Zeugen vernimmt. Und nicht nur ihn, sondern die ganze kleine Kinderclique, die damals draußen vor dem Balkon spielte.

Vier Jungs und ein Mädchen, neun bis elf Jahre alt, angespannt, zappelig, aber dann auch wieder ganz ernsthaft. Alle fünf haben rumänische Wurzeln, sind in Berlin aufgewachsen und brauchen den Dolmetscher eigentlich nicht, den ihnen das Gericht zuweist. Doch er gibt ihnen auch ein bisschen Sicherheit. Und manchmal sind ja Feinheiten zu klären: Wie werden Etagen gezählt, sind erster Stock und erste Etage identisch? Was ist mit dem Parterre? Gab es eine Markise auf dem bewussten Balkon? War sie heruntergezogen? Wie weit? Bedeckte sie die gesamte Balkonbreite? Wo stand der Mann? Holte er wirklich zum Wurf aus, ließ er die Flasche nur fallen?

Da es keine Erwachsenen als Beobachter der Szene gibt, müssen sich die Kinder erinnern. Sie machen mit Eifer vor, wie sie den Flaschenwurf gesehen haben wollen, berichten von dem Eiswagen, bei dem sie kauften, und wie David beim Sturz die Waffel verlor, das Eis auf den Boden platschte. Anderes können sie nicht sicher angeben. Die Tatzeit zum Beispiel. »Es war mittags, so um sechs oder sieben.« Auch mit solchen Aussagen muss das Gericht umgehen, sich mühsam herantasten ans Geschehen. Ärztliche Atteste und Befundberichte werden verlesen, von der ersten Behandlung der Schnittwunde am 5. August 2015 um 19.26 Uhr im Vivantes Klinikum bis zu Davids letztem Krankenhausaufenthalt Mitte Oktober. Von multifokalen Wundinfektionen und einer Fremdkörperreaktion aufs

Nahtmaterial ist die Rede, von Weichteilödem, knöcherner Beteiligung und Sehnenscheidenentzündung.

Der Senior Hans K., dessen Vorstrafenregister trotz seiner Zusicherung, so friedfertig zu sein, schon allerlei Einträge hat wegen Körperverletzung und Beleidigung, bleibt dabei, nichts von einem Flaschenwurf zu wissen. Die Staatsanwältin glaubt ihm nicht und sagt: »Ich bin überzeugt, dass die Kinder den Sachverhalt im Kern richtig schildern und Herrn K. auch erkannt haben. Es gab mit ihm ja schon im Vorfeld manchmal Ärger.« Einmal, ja, daran kann er sich sogar entsinnen, habe er Wasser aus einem Eimer vom Balkon auf die Spielenden gekippt. »Mehr so im Jux«, setzt K. schnell hinzu, aber Lärm mache ihn eben fuchsig.

Nun setzt der Verteidiger von Hans K. zu seinem Plädoyer an. Die beiden kennen sich schon länger. Der Anwalt ist ein ruhiger, bedachtsamer Mann, einer, den die Großstadt zunehmend nervt und der den Gemütszustand seines Mandanten vielleicht sogar ein bisschen verstehen kann. Er selbst wird sich wohl bald aufs Land zurückziehen, an die Nordsee, wie er erzählt. Vielleicht appelliert er ja gerade deswegen an K.s Gewissen. »Man will doch ohne Schuld aus dieser Welt gehen. Jeden Tag kann irgendwas passieren ... Herr K., geben Sie sich einen Ruck. Wenn an dem Vorwurf etwas dran ist, dann sagen Sie es. Ich habe die Kinder hier hochpenibel nach Kleinigkeiten gefragt, aber alles war stimmig.«

Er wartet einen Augenblick auf die Wirkung seiner Worte. Dann fährt er, zum Angeklagten gewandt, fort: »Ich glaube, keines der Kinder hat gelogen oder übertrieben, es gab keine Bestrafungsstimmung, kein böses Wort fiel. Sie sind nach ihrer Aussage ganz ruhig wieder nach Hause gegangen. Wie war es nun wirklich, Herr K.? Nutzen Sie die Chance zur Wahrheit. Das braucht allerdings etwas Mut …«

Hans K. ringt mit sich. Er schiebt sich hoch, die Hüfte schmerzt, er humpelt einen Schritt vor, weiß nicht recht, wie er mit seiner Vorwärtsverteidigung beginnen soll. »Geworfen habe ich nichts. Ich will doch kein Kind verletzen!« Er gräbt nach den richtigen Worten. »Aber was fallengelassen, ja, das hab ich. Hundert Prozent. Es war 'ne Flasche. Wenn man Fehler macht, soll man sie auch zugeben.«

Das Urteil ergeht schnell: Ob gezielter Flaschenwurf oder absichtsvoller Flaschensturz – es bleibt eine gefährliche Körperverletzung. Die Strafe beträgt elf Monate Haft, ausgesetzt zur Bewährung. Ein Helfer wird ihm für ein Jahr zur Seite gestellt. »Sie sind ein ziemlich einsamer Mensch«, schließt die Richterin, »aber erwachsen. Wenn Sie noch etwas an Ihrem Leben ändern wollen, dann ist es nicht zu spät dazu. Sie können es jedoch nur selbst tun. Und Sie brauchen jemanden zum Reden, nicht nur die Saufkumpane. Deshalb der Bewährungshelfer zur Unterstützung. Ob Sie die Hilfe annehmen, ist Ihnen überlassen.«

Erleichtert verabschiedet sich Hans K. »Sie sehen mich hier nicht wieder, versprochen.«

17. Trööööt!

Eine Mutter versucht, ihre Tochter in einem Spitzen-Knabenchor unterzubringen. Dieses Ansinnen wird abgewiesen. Doch ist das rechtens? Über einen Fall, in dem es auch um Hals- und Lungenwachstum, Luftzufuhr und Testosteronschübe geht.

Sie heißt nicht Hannah und auch nicht Maria oder Sophie. So viel vorweg. Ihr Name bleibt ungesagt, sie ist: »das Mädchen«, »das Kind«, »die Neunjährige«, »die Schülerin«. Oder ganz konkret auch: »die Klägerin«. Ja, das ist sie in diesem Verfahren, in dem sie nicht gesehen und nicht angehört wird, in dem sie keinen Namen bekommt, aber doch jede Minute im Mittelpunkt steht.

»Die Klägerin« sagt, dass ihr Unrecht geschehen sei und dass sie sich als Mädchen diskriminiert fühle. Vertreten wird »die Klägerin« durch eine erwachsene Person, ihre Rechtsanwältin. Diese Rechtsanwältin ist ihre Mutter. Und so darf man wohl auch annehmen, dass es ohne die Mutter nie zu dieser Verhandlung gekommen wäre, die eine Frage klären soll: Darf ein Knabenchor die Bewerbung eines Mädchens einfach so ablehnen, obwohl es doch wunderschön singen kann und gerne mit den Jungs mittäte? Welchen Teil des Wortes »Knabenchor« hat diese »Helikoptermutter« nicht verstanden, hämen Spötter im Netz.

Der große Plenarsaal ist rappelvoll. Eilends werden noch Stühle gerückt, Zuhörer stehen am Einlass Schlange. Es sind sicher an die hundert Menschen hier, die miterleben wollen, was es zu diesem Thema zu sagen gibt. »Erwarten Sie bitte nichts Falsches«, wiegelt der Richter gleich zu Beginn ab und setzt hinzu, dass er und seine Kollegen komplett die falsche Instanz wären, um einen Geschlechterdisput auf grundsätzliche Art und Weise zu führen. »Wir entscheiden hier nicht, ob ein Mädchen prinzipiell in einem Knabenchor singen darf, sondern wir versuchen zu überprüfen, ob der Chorleiter sachgerecht entschieden hat, als er das Mädchen abwies. Ob es künstlerische Gründe gab oder nicht.«

Dass die 3. Kammer des Berliner Verwaltungsgerichts keine verfassungsgebende Versammlung ist, weiß natürlich auch die Mutter respektive Anwältin des klagenden Kindes. Aber einhalten müsse man Grundrechte doch und dürfe Mädchen nicht per se benachteiligen. Das ist es nämlich, was sie erzürnt. Sie sagt, sie würde im Namen ihrer Tochter und vieler anderer Mädchen sprechen, die bereits klassisches Repertoire sängen und nun die bestmögliche Ausbildung suchten.

Diese bestmögliche Ausbildung gäbe es in ganz Berlin eben nur beim Staats- und Domchor, einem seit fünfhundertvierundfünfzig Jahren traditionell reinen Knaben- und Männerensemble. Diese Chöre sind es, die auf Reisen gehen und bei großen Konzerten mit Stars wie Sir Simon Rattle auf der Bühne stehen. »Die Mädchen bekommen hier nur deshalb keine Chance, weil sie keine Jungen sind.« Sie glaubt, die Begründung des Chorleiters, es läge vor allem an der Stimme der Tochter, sei vorgeschoben. »Es geht um das Geschlecht …«

Und wenn das so wäre, dann handele es sich eindeutig um Diskriminierung.

Bevor der Richter nun eine ausführliche historisch-gesellschaftliche Einordnung des Domchores vornehmen lässt und auf die Gründung im Jahr 1465 zu sprechen kommt, bevor es Erläuterungen zu mittelalterlicher liturgischer Musik und »höfischen Singeknaben« gibt und der Zeitstrahl Licht auf eine Umwidmung des Chores kraft preußischen Ministererlasses und die spätere Angliederung an die heutige Universität der Künste wirft, verkündet er fix noch etwas Technisches: »Wir haben hier im Saal keine besonders gute Akustik, nicht zu vergleichen mit der in der Philharmonie. Insbesondere das Singen ist heute der theoretischen Behandlung vorbehalten und sonst dringend zu unterlassen.«

Die Mutter-Anwältin des Mädchens zieht das Mikro zu sich heran. Sie liest aus einer E-Mail des Uni-Dekans vor, zitiert Antwortsätze auf ihr vorgetragenes Ansinnen, die Tochter im Domchor anzumelden. »Ihr Wunsch ist aussichtslos«, beschied der Dekan damals kategorisch. »Nie wird ein Mädchen in einem Knabenchor singen.« Gespickt mit dem Hinweis, dass ebenso wenig ein Klarinettist je in einem Streichquartett spielen werde.

Dieses »Nie« steht im Raum. Denn bei einer mit Steuermitteln geförderten öffentlichen Einrichtung wie der Berliner Universität der Künste sollte es dieses »Nie« eigentlich nicht geben. Jedenfalls nicht aus Prinzip und nur, weil ein Mädchen kein Junge ist. Deshalb ist die Uni hier auch die Beklagte. Sie muss verteidigen, was gegen eine Aufnahme der Neunjährigen in den Chor spricht. Und die Uni lässt ihren verantwortlichen Musik-Professor reden, einen Mann, der Kirchenmusik studierte und Opern dirigiert. Seit vielen Jahren leitet er den Berliner Staats- und Domchor, der in all seinen Unterbereichen ausschließlich aus Knaben und Männern besteht und zu dem »die Klägerin« Einlass begehrt. Sie will nicht zur Singakademie, dem weiblichen Pendant, sie will zu den Jungen.

Der Professor räuspert sich. Er sagt, bei ihm gäbe es kein »Nie«. Er habe das Mädchen zum Vorsingen eingeladen, weil er es unbedingt kennenlernen wollte. Es hören. Sehen. Erleben. »Mein Eindruck war, dass bisher noch keiner mit diesem Kind darüber gesprochen hat, was es wirklich möchte und was es sich vorstellt.« Und genau dieses Sehen, Hören und Erleben habe ihn in der Auffassung bestärkt, die Neunjährige nicht in den Knabenchor aufzunehmen.

Er steht zu seiner Entscheidung. Er habe, so berichtet er, an jenem Tag ein sehr fröhliches, unbekümmertes Mädchen erlebt, das durchaus schön singen könne, vor allem aber neugierig war und etwas Neues ausprobieren wollte. Das allein reiche nicht. In seiner Arbeit gehe es zuvorderst um Kunst, weniger um Ausbildung. »Jeder Chorbereich bei uns hat sein eigenes Altersprofil, eine besondere Ausrichtung und seinen ganz spezifischen Klang.« Daran richte sich auch das Repertoire aus. Und bei einem Aufnahmewunsch von Acht-, Neun- oder Zehnjährigen prüfe er generell – »für die erste Liga« – die Konzertreife.

»Als ich mir das Mädchen anhörte, dachte ich zum Beispiel an Gustav Mahlers 8. Sinfonie, ein Werk, das wir mit dem Domchor aufführen. Wie würde sie klingen? Könnte ich sie heranführen? Würde sie passen?« Mit zehn, elf Jahren seien die kleinen Sänger oft schon voll ausgebildet. Mädchen meist später. Zudem besäße die schönste Mädchenstimme naturgegeben eine andere Farbe, ein anderes Volumen, einen anderen Hauch. »Jeder hier im Saal würde den Unterschied zwischen einem Knaben- und einem Mädchenchor sofort hören.«

Der Professor versucht das, was die unterschiedlichen Stimmen auszeichnet, in einfache Worte zu fassen für ein Publikum, welches sich womöglich nicht in jedes Detail der Zusammensetzung, beispielsweise eines Obertons, hineinversetzen kann oder will. Was Hals- und Lungenwachstum, Luftzufuhr und Testosteronschübe in einem Körper bewirken, vergleicht er deshalb mit »Cello und Geige, die allein schon durch ihr Volumen verschieden klingen«. Er spricht über die weniger ausgeprägten Veränderungen der weiblichen Stimme im Umfeld der Pubertät und ahmt in feinstem Singsang den Kuckucksruf nach, um den männlichen Stimmbruch zu simulieren. »Das kann so außer den Stimmwechslern niemand!«

Auch, dass das Faszinosum Knabenchor vor allem in seiner Vergänglichkeit liegt und diese Endlichkeit einen ganz einzigartigen Klang hervorbringt, das imitiert er eindrücklich – diesmal mit einem langgezogenen melodischen »Tröööööt!« Und er meint damit den sprichwörtlichen Schwanengesang, diesen letzten, großartigen Ton. »Eine Knabenstimme stirbt gewissermaßen musikalisch auf ihrem Höhepunkt. Ein Knabenchor erreicht mit seinem Ende seinen absolut schönsten Klang«, schwärmt der Musiker. »Dann ändert sich alles.«

Der Klangraum dieses Mädchens hätte einfach nicht gepasst, sagt der Professor. Ihre Stimme wäre auch nicht herausragend genug gewesen, um sie in den Chor zu integrieren. »Hätten Sie denn einem ähnlich veranlagten und talentierten Jungen als Quereinsteiger ebenfalls eine Absage erteilt?«, forscht der Richter, und der Chorleiter zögert keine Sekunde: »Ich hätte auch diesen Jungen nicht in den Chor aufgenommen. Auf keinen Fall.«

Die Anwältin und Mutter gibt noch nicht auf. Sie kennt Studien und wissenschaftliche Einschätzungen, nach denen auch eine Mädchenstimme durch entsprechende Ausbildung den besonderen Klang eines Knaben erreichen kann. »Wäre das nicht wenigstens einen Versuch wert gewesen?«, insistiert sie. In England gäbe es solche Modelle.

Der Professor schüttelt den Kopf. Eine Mädchenstimme wie die eines Jungen im Knabenchor klingen zu lassen, das ginge grundsätzlich. »Aber nur mit Gewalt«, ist er überzeugt. »Warum sollten Eltern ihrem Kind das antun wollen?«

Ob der erfahrene Chorleiter mit seinem Vortrag Mutter und Tochter überzeugen kann, darüber müssen die beiden noch nachdenken. Das Gericht zumindest erkennt in der Ablehnung des Mädchens keine Diskriminierung. Aber es lässt die Berufung zu. Womöglich wird ja irgendwann einmal erneut von Schwan und Kuckuck gesungen – und von einem Mädchen im Knabenchor.

18. Der falsche Doktor

Was macht man mit einem Hochstapler, der von sich sagt, er habe nur Gutes gewollt? Deshalb sei er Arzt geworden – ganz ohne Studium und mit gefälschten Papieren.

»Den Namen Denny konnte ich nie leiden«, sagt Denny H. Er lebt seit 1975 mit diesem Namen, den seine Eltern offenbar schön fanden. Ob sich ein gut Vierzigjähriger mit ihm wohl fühlen kann, sei dahingestellt. Doch ein Grund, kriminell zu werden, ist der Name ganz sicher nicht. Und er war es auch bei Denny H. nicht. Doch durch H.s Aversion gegen seinen einzigen Vornamen flog immerhin eine sorgfältig einstudierte kriminelle Inszenierung auf: Man möge in seinem Ausweis als Mitglied der Berliner Ärztekammer die Namensbezeichnung »Denny« bitte um den zweiten Vornamen »Cato« ergänzen, beantragt Denny H. im Herbst 2014 höflich. Er legt seinem Schreiben eine Heiratsurkunde bei, die auf »Denny Cato H.« lautet.

Das ist sein Pech. Oder sein Glück? Jedenfalls stolpert die zuständige Bearbeiterin über das eingereichte Dokument, entdeckt Abweichungen zu früheren Papieren, wird aufmerksam, skeptisch, zunehmend misstrauisch – und bringt einen Vorgang ins Rollen, der Denny H. schließlich zum Angeklagten macht.

Mit einem Schlag ändert sich sein Leben. Gerade eben noch ist er als der an Bord hochgeschätzte und bei den Passagieren überaus beliebte Schiffsarzt Doktor H.

auf dem Kreuzfahrtriesen AIDAvita in der Karibik unterwegs, schon empfangen ihn beim von der Reederei erbetenen Rückflug am Airport Berlin-Tegel Sonderermittler der Polizei mit Haftbefehl und Handschellen. Von der Kajüte des Luxusliners geht es ohne große Umwege in die U-Haft-Zelle. Dort bleibt Denny H. solange, bis acht Monate später sein Prozess beginnt. Er steht im Verdacht, seine Approbationsurkunde gefälscht und 2010 eine Medizinerlaufbahn angetreten zu haben, die sämtlich auf manipulierten Papieren, frisierten Dokumenten und fantasiereich erfundenen Berufsstationen basiert.

Denny H. ist genau genommen nichts anderes als ein Hochstapler. Das weiß er. Vom Typ her ist er der ewige große Junge, wirkt nett, sympathisch und aufgeschlossen. Er kann gut mit Leuten umgehen, sagt er von sich selbst, und das bestätigen auch Vorgesetzte und Kollegen. »Er war der beste Arzt, den wir hatten«, versichert ein ehemaliger Chef vor Gericht, obwohl er schon lange weiß, dass Denny H. alles andere als ein Arzt ist.

Das scheint dem Angeklagten ein bisschen peinlich. Sein verlegener Blick streift durch den Zuschauersaal, der an allen Verhandlungstagen gut gefüllt ist, in dem Neugierige sitzen, die aus der Zeitung von dem falschen Schiffsarzt erfuhren, der aber auch seiner Lebensgefährtin Platz bietet und Bekannten, die begreifen wollen, wer sie da täuschte. An seinem Beruf, an seinem Status hätten sie nie gezweifelt. »Denny ist ein ganz Gewissenhafter«, sagt ein Freund. »Er begleitete Operationen, hielt Vorträge, leitete Weiterbildungen, eben das ganze Programm.« Denny H. ist geschieden, er hat ein kleine Tochter und eine neue Partnerin. Für sie alle war er »der Arzt«.

Zeugen treten auf, die den Angeklagten fachlich durchweg loben. Der Leiter eines ambulanten Operationszentrums zum Beispiel, bei dem sich »Dr. med. H.« als Anästhesist und Intensivmediziner beworben hatte und als Vertretung mehrmals einsprang. Die Narkosen, in die er die Patienten hier versetzte, dauerten manchmal nur zwanzig Minuten, dann aber auch gut anderthalb Stunden. Es waren keine Notfalleingriffe, sondern vor allem Schönheitsoperationen oder orthopädische Eingriffe. Für den »Tiefschlaf« sorgte jemand, der als Krankenpfleger in seinen jungen Jahren zwar ausgebildet wurde und auch Berufserfahrung besaß, nie aber ein Medizinstudium absolvierte, geschweige denn seinen Facharzt machte. Trotzdem hatte er bei seiner Bewerbung »vollständig überzeugt«. So beschreibt es der Klinikleiter. »Herr H. schien bestens qualifiziert. Er beherrschte alle Abläufe, war nie unsicher. Als Kollege bekommt man ja schnell mit, wie routiniert jemand mit Patienten umgeht.« Auf eine Arbeitsprobe im klassischen Sinn hatte das Operationszentrum verzichtet.

Auch die Deutsche Stiftung Organtransplantation ist voll des Lobes über die Qualitäten ihres Ex-Anästhesisten. »Sehr kompetent, sehr einsatzfreudig« sei Dr. H. gewesen. Die Charité ebenso wie das Berliner Unfallkrankenhaus hätten ihm absolut vertraut. Denny H. musste beurteilen, ob bei klinisch Verstorbenen, die zuvor in eine Organspende eingewilligt hatten, alle Voraussetzungen für die Transplantation vorlägen, ein OP-Team wurde zusammengestellt, er koordinierte die Arbeit. Ein Glücksfall sei H. für die DSO gewesen, heißt es.

Nur Gutes hört man auch über seine Zeit als Bordarzt der AIDAvita. Knapp zwei Jahre war er mit Kreuzfahrtschiffen auf hoher See, über tausend Patienten suchten bei ihm Hilfe – wegen Seekrankheit und Übelkeit, Herzproblemen oder Verletzungen, wegen Erkältungen mit Fieber, Allergien, Schlafstörungen oder Schmerzen. Dr. H., der kein Dr. war, setzte Infusionen und verabreichte Medikamente, nähte Wunden, gab Antibiotika. Ein Patient verstarb auf der Reise. Aber das ist dem falschen Schiffsarzt nicht anzulasten, hier kam jede Rettung zu spät. Die Angehörigen bedankten sich später ausdrücklich für seinen »Einsatz« und eine »sehr fürsorgliche Begleitung«.

Medizinische Gutachter schildern dem Gericht, wie sie H.s Behandlungen im Nachhinein bewerten. Sie können keine Fehler feststellen. Doch das ist für den selbsternannten Doktor selbstverständlich kein Freibrief. Viel zu viel hätte schiefgehen können bei seinen Eingriffen. Es bleibt – neben all der Urkundenfälschung, dem Betrug und der Hochstapelei – vor allem eine handfeste Körperverletzung, wenn jemand kraft seines Titels suggeriert, er sei Arzt, dürfe Narkosen einleiten, Infusionen setzen und Beatmungsgeräte anschließen. Im Wissen um die wahren Umstände hätte wohl kaum ein Patient in die Behandlung eingewilligt, egal, wie beliebt und versiert H. früher als Krankenpfleger war, egal, wie viel medizinische Fachliteratur er besaß, egal, wie sehr er Kollegen beeindruckte.

Denny H. versichert, genau das mache ihm »am meisten zu schaffen«, dass er Vertrauen missbrauchte. Er meint damit wohl nicht nur die Patienten und Kollegen, sondern auch seine Familie und Freunde. Etwas zögerlich erzählt er davon, dass er eigentlich längst hatte aufhören wollen mit der erfundenen Existenz und er wieder er selbst sein wollte, »aber irgendwie ging das nicht mehr, ich hatte zu viele Lügen angehäuft, ich fand da nicht mehr raus«. Zur AIDA sei er schließlich auch deshalb gewechselt, weil ihm die Verantwortung zu groß wurde.

Das allerdings lässt das Gericht nicht gelten. »Schiffsarzt zu sein ist ein durchaus lukrativer Job, das hat Ihnen gefallen, Sie haben sehr gut verdient dabei«, tadelt der Richter. Er hält es für falsch, in Denny H. den edlen Robin Hood zu sehen, der gegen das böse, allein auf Profit ausgerichtete Gesundheitssystem kämpft und für die armen, vernachlässigten Patienten ficht. Gerade von dieser Motivation hatte Denny H. immer wieder gesprochen. »Ich sah ja schon während meiner Zeit als Intensivpfleger in Stendal, welche Rolle das Geld spielte, wie wenig der Patient im Mittelpunkt stand. Und das wurde immer schlimmer. Ich wollte das ändern. Als Arzt, glaubte ich, gäbe es da mehr Möglichkeiten.«

Auf die Worte Ethos und Ethik verzichtet der falsche Doktor, aber er erinnert sich an seine Krankenpflegeausbildung, einen tollen Mentor, sein großes Arzt-Vorbild, an seine Auszeit, als er in Vietnam und Burma Schwerkranken helfen konnte, an sein nie nachgeholtes Abitur. »Ich wollte immer Arzt werden«, erzählt H., «schon als Neunjähriger träumte ich davon.« Doch den dafür nötigen Schulabschluss erreichte er nicht, weil er mit siebzehn Jahren im Streit von zu Hause auszog, keine Unterstützung erhielt, jobben musste und das Ziel verpasste. Dem schwierigen Weg einer späteren Qualifizierung zog er den zumindest schnelleren eines Scheindoktors vor.

Seine Anwälte sagen, Denny H. sei inzwischen erleichtert, dass »all das« nun vorbei sei: das falsche Leben, das Lügen, das Manipulieren. Ihm wäre klar, dass er niemals wieder in irgendeinem Gesundheitsberuf wird arbeiten können. Nicht als Denny und schon gar nicht als »Denny Cato«. Freunde wollen ihm helfen, eine neue Existenz aufzubauen. Ein Dokumentarfilmer bietet an, Denny H. als Organisationstalent in sein Team zu holen. Die neue Lebensgefährtin verspricht, ihre Wohnung mit ihm zu teilen. So kann H. darauf hoffen, dass er die dreijährige Freiheitsstrafe, die das Gericht verhängt, als Freigänger beendet. Er darf nach dem Urteil auch gleich seine Tasche aus der Untersuchungshaftanstalt holen. Fürs Erste. Bis sein Urteil rechtskräftig wird und ihn das Gefängnis zum Haftantritt einlädt.

19. Achtundsiebzig Messerstiche

Weil sich eine Vierzehnjährige von ihrer Online-Bekanntschaft bedrängt fühlte und sich auf eine Beziehung nicht einlassen wollte, musste sie sterben.

Nein, die Mangas sind nicht schuld, jene japanischen Comics mit den kulleräugigen Kindchenfiguren und den trotzdem gern auch mal brachial daherkommenden Geschichten. Alyssa mochte sie, zeichnete selbst in diesem Stil, lernte erste Worte der fremden Sprache. Mitunter schminkte sie sich wie ein Manga-Mädchen. Alyssa, die 14-Jährige. Ihre großen erwartungsvollen Augen passten auch ohne falsche Wimpern gut in dieses Schema, nur die Haare musste sie sich schwarz färben, um den stilechten Auftritt hinzulegen.

Mangas mochte auch Maurice, der schmächtige, auf früheren Fotos geradezu weichlich wirkende Junge, der immerhin schon neunzehn ist, als er Alyssa im Internet begegnet. Kaum jemand hält ihn für volljährig. Zu klein, zu blass, zu unauffällig. In der Berufsschule, in der er versucht, seinen zweimal vermasselten Realschulabschluss nachzuholen, hat er keine Freunde. Die Jungs seines Alters verspotten ihn, die Mädchen schauen ihn nicht an. Im Netz ist das anders. Da findet er immer wieder kluge Worte über seine Lieblingscomics, über seine Helden, die ihn in eine andere Welt transportieren. Er nennt sich hier »Ryuu«. Actionhelden heißen so. Ryuu ist auch das japanische Wort für Drache.

»Ryuu« schwärmt für kleine, großäugige Mädchen, mit denen er oft und intensiv chattet. Je länger die virtuelle Beziehung dauert, desto verliebter klingen seine Zeilen. Das schmeichelt den meist deutlich Jüngeren anfangs natürlich. Sie sehen in ihm jemanden, der ihnen zuhört, der ganz für sie da ist. Aber dann kommt ein Punkt, wo den Mädchen das Werben unheimlich wird. Eine seiner früheren Bekanntschaften erzählt, dass sie irgendwann gar nicht mehr wusste, wie sie sich verhalten sollte. Schrieb sie ihm, sprach er von Heirat – schrieb sie ihm nicht, drohte er mit Selbstmord. Damals war sie verschreckt und vertraute sich ihren Eltern an. Heute findet sie, dass Maurice' Leidenschaft nichts anderes als Stalking war.

Auch Alyssa gefiel die Begegnung mit Maurice in den ersten Wochen. Als sie ihre Eltern bat, den jungen Mann einmal in seiner westfälischen Heimat, in Lohmar bei Bonn besuchen zu dürfen, redeten die ihr ein solches Treffen in der Fremde allerdings eindringlich aus. »Du kennst den Jungen doch gar nicht. Wenn du denkst, es muss sein, lade ihn lieber einmal zu uns ein.« Und Maurice M. alias »Ryuu« kam nach Eichwalde, an den südlichen Berliner Stadtrand, zu Alyssa und ihrer Familie. Das war im Oktober 2013.

Maurice M. schien hin und weg von dem Mädchen. Alyssa hingegen war von ihm enttäuscht. Im wahren Leben hatte er so gar nichts von dem Jungen, den sie in ihren Chats kennengelernt hatte. Alyssas Mutter erinnert sich, trotz der Rosen, die er ihr überreicht hatte, an ein eher unangenehmes Wochenende: »Er war höflich und freundlich, aber irgendwie alles zu sehr, zu übertrieben. Ich hatte kein gutes Gefühl, und Alyssa wohl auch nicht. Er konnte mir einfach nicht in die Augen schauen.« Maurice bemerkte Alyssas Distanz, auch wenn sie ihn nicht vor den Kopf stoßen wollte. »Alyssa hatte Mitleid mit ihm«, beschreibt eine Mitschülerin ihren Eindruck.

Vier Wochen später lebt Alyssa B. nicht mehr. Sie ist mit achtundsiebzig Messerstichen getötet worden, verblutet auf dem Nachhauseweg von der Schule. Die Mutter hatte an diesem Nachmittag daheim zu tun und hörte Polizeiwagen mit Sirenen vorbeifahren und das knatternde Geräusch eines Hubschraubers in der Nähe. »Ich dachte noch, Gott sei Dank kommen die nicht zu dir. Aber dann kamen sie doch.«

Das Cottbuser Landgericht kann Alyssas Eltern nicht ersparen, solche Erinnerungen genau zu beschreiben, sich mit anzuhören, wie gewaltvoll ihre Tochter ums Leben kam, mit welcher Wut und Selbstvergessenheit Maurice M. auf Alyssa eingestochen haben muss, weil die Vierzehnjährige ihn nicht liebte, weil ihr der fast Zwanzigjährige immer unheimlicher wurde mit seinem Drang nach Nähe, mit seinen Zukunftsplänen – und seinen vermeintlich verzweifelten Drohungen, sich etwas anzutun.

Alyssa Eltern sind Nebenkläger in dem Mordprozess gegen Maurice M., sie wollen die Wahrheit wissen. Sie versuchen tapfer alles durchzustehen, obwohl der Schmerz sie sichtlich erdrückt. Sie sprechen vor Gericht über ihre Tochter, über diese merkwürdige Beziehung, die sogar Alyssa Angst machte. »Alyssa fühlte sich regelrecht erpresst«, erklärt auch der Anwalt der Familie, der die Akten kennt und bis ins Detail weiß, mit welchen perfiden Erpressungen in Hunderten Mails, Kurznachrichten und am Telefon Maurice das Mädchen für sich gewinnen wollte. Und der seine Selbstmorddrohungen gezielt so einsetzte, dass Alyssa ihnen kaum widerstehen konnte. Zwei Jahre zuvor hatte sie ihren großen Bruder verloren, weil der sich mit zwanzig Jahren das Leben nahm. Zu schrecklich war Alyssas Erinnerung daran. Alles brach wieder auf. Maurice M. hat sich dieses Leid zunutze gemacht. »Mein Schatz, ich liebe dich über alles. – Du bist tausend Mal schöner als die Mona Lisa. – Ich kann ohne dich nicht leben. – Wenn ich sterbe, bist du schuld daran.« Kann eine 14-Jährige das ertragen?

Der Richter verliest einen Tagebuchauszug, der Alyssas Dilemma eindringlich beschreibt. Sie erzählt darin, dass »ein guter Freund« ihr seine Liebe gestanden habe und für den Fall, sie empfinde nicht ähnlich, seinen Tod ankündigt. Hilflos klingen ihre Worte: »Ich habe ihm gesagt, dass ich ihn lieb habe, damit er das nicht tut. Nun habe ich den Salat. Aber ich liebe ihn doch gar nicht. Ich war viel zu naiv, zu gutherzig mit ihm.« Auch einige Schulfreunde wissen von Maurice' Drohungen. »Verlass ihn trotzdem. Der tut sich schon nichts«, raten die einen. »Sei vorsichtig«, sagen die anderen.

Alyssa und ihre Familie sind vorsichtig. Das Mädchen will Schluss machen. Sie erzählt es ihrer Mutter. Die empfiehlt, einen Brief zu schreiben. Aber Alyssa will es ihm lieber selbst sagen, im Beisein der Eltern.

Maurice kommt noch einmal nach Eichwalde. Sie gehen shoppen, sie spricht von »Freunde bleiben«. Zu Hause am Abend lässt sie ihm keine Hoffnung mehr. »Ich halte das nicht aus«, sagt sie. »Ich kann das nicht. Ich fühle mich so eingeengt, und ich will dich doch nicht belügen …«

Maurice nickt. Er würde ihr Zeit lassen, lenkt er ein und verspricht, am nächsten Tag wieder nach Hause zu fahren. Alyssas Eltern haben ihm ein Zimmer hergerichtet, er übernachtet bei ihnen. Am Vormittag fährt die Mutter Maurice M. zum Zentralen Busbahnhof nach Berlin.

Aber Maurice M. steigt nicht in den Bus, der ihn nach Hause bringen soll. Er kehrt mit der S-Bahn an den Berliner Stadtrand zurück, nimmt sich ein Hotelzimmer, schreibt einen Abschiedsbrief, lauert Alyssa am nächsten Morgen wieder auf. Zeugen sehen ihn, die Kapuze weit ins Gesicht geschlagen und auch sonst »reichlich verwirrt«, in der Nähe ihres üblichen Schulwegs. Doch den nimmt Alyssa am 18. November 2013 nicht. Er muss warten. Er fängt sie auf dem Heimweg ab, gleich neben den Bahngleisen, an einem Sportplatz. Alyssa ist nicht allein, sie ist mit einem gleichaltrigen Schulfreund unterwegs. Maurice M. drängt auf eine letzte Aussprache. Alyssas Begleiter zieht sich ein Stück zurück. »Ich wollte mich da nicht einmischen und auch nicht lauschen«, erklärt er dem Gericht.

Willi ist der wichtigste Zeuge in diesem Fall, er war ganz in der Nähe. Er hat gehört, wie die beiden sich lange streiten, er hat gesehen, wie Alyssa sich endlich entschlossen wegdreht und gehen will, er hat auch miterlebt, wie nun alles eskaliert. Wie Maurice M. Alyssa mit der Bierflasche, die er in der Hand hält, auf den Hinterkopf schlägt, wie sie stürzt, wie er sie beiseite zerrt und ein Messer greift, auf sie einsticht. »Ich bin sofort losgerannt«, erzählt Willi unter Tränen, »aber ich konnte ihr nicht helfen.« Maurice M. sticht wie wild um sich, verletzt auch den Jungen, der sich ihm in den Arm wirft. »Ich versuchte, so schnell ich konnte, Hilfe zu holen.«

Die kommt zu spät. Augenzeugen, Polizeibeamte, Rettungssanitäter und Notärztin beschreiben ein unvorstellbares Blutbad, einen grausam zugerichteten zarten Mädchenkörper. Ein Gerichtsmediziner wird die Stiche später genau auflisten. Tödlich war der, der die Bauchaorta traf. Wie lange Alyssa diese Tortour bei Bewusstsein ertragen musste, darüber schweigt der Experte. Die Eltern halten einander fest, als der Vorsitzende Richter nach fast neunmonatiger Verhandlung im Urteil die Tat noch einmal zusammenfasst, als er nicht auslässt, dass eines der beiden Messer, die der Täter benutzte, Alyssas Körper komplett durchbohrte und im Erdreich steckenblieb. »Wie am Boden festgenagelt«, heißt es in den Ausführungen.

Maurice M. war zum Zeitpunkt der Tat gerade noch neunzehn Jahre alt. Ein Heranwachsender, nach juristischem Verständnis. Die Schule war für ihn nie mit Erfolg verbunden. Er lebte noch bei den Eltern, aber einen Draht zu ihnen gab es wohl nicht. Zu einer Lehrerin soll seine Mutter einmal gesagt haben: »Maurice ist scheiße.« Auch zum Prozess reisen sie nicht an. Ihr

Sohn sitzt reglos, blickt nicht auf. Alles an ihm scheint zu groß geraten. Der altmodische schwarze Anzug und das weiße Hemd, die dicke dunkle Hornbrille, die Uhr am Arm, die schwarzen Schuhe. Er selbst ist kaum 1,60 Meter groß.

Ein psychiatrischer Gutachter, der den nach außen eher unterwürfigen jungen Mann untersuchen soll, kommt nicht an ihn heran. »Er ist in seiner Seele und Wahrnehmung gestört, er weiß über sich selbst nicht sehr viel, er kann mit den Gefühlen anderer kaum umgehen, projiziert alles auf sich.« Wenn solch ein Narzisst gekränkt wird, hat das nicht selten schreckliche Folgen. Aber schuldfähig ist er nach Ansicht des Gutachters trotzdem.

Maurice M. hat der Anklage auch nicht widersprochen. Seinen Anwalt lässt er erklären, dass das, was er getan habe, unverzeihlich sei. Und an die Eltern gewandt: »Es tut mir leid, dass ich so viel Leid über Ihre Familie gebracht habe.« Mehr sagt er nicht. Seine Verteidiger plädieren auf Totschlag und eine Strafe, die neun Jahre nicht übersteigt. Staatsanwalt und Gericht sehen das anders. Sie sprechen von Mord. Für einen Heranwachsenden könnte das nach Jugendstrafrecht fünfzehn Jahre Haft bedeuten, wenn zu der an sich schon grausamen und heimtückischen Tat noch eine »besondere Schwere der Schuld« hinzukommt.

Das Landgericht Cottbus verurteilt Maurice M. zu dreizehn Jahren und sechs Monaten Gefängnis. Seine Verteidiger legen Revision ein, doch der 5. Strafsenat des Bundesgerichtshofes in Leipzig verwirft den Versuch. Das Urteil hat Bestand.

20. Gute Steffi, böse Steffi

Obwohl sie gern für die Firma tätig war und die Kollegen mochte, betrog sie ihren Arbeitgeber. Ganz ohne Eigennutz?

Da war sie wieder, diese Stimme. »Warum bist du nicht längst zu Hause? Du hast Feierabend. Geh zu deiner Familie. Dass du hier rackerst, dankt dir sowieso keiner.« Stefanie K. scheucht die Stimme weg. Sie nippt an ihrem Ingwertee. Blöde Gedanken. Sie will dringend noch Büromaterial bestellen. Herr O. wartet doch auf die neue Laptophülle. »Ja, Steffi, mach das, du bist die Beste«, flüstert ihr eine andere Stimme ins Ohr. Und Frau K. fühlt sich bestätigt. Sie setzt ein paar Bestellungen ab. Der Feierabend kann warten …

Stefanie K., 37, verheiratet, zwei Kinder, ist gelernte Bürokauffrau. Halt, nein, so ganz stimmt das nicht. Sie hat vor fast zwanzig Jahren eine Ausbildung absolviert, sie war gewissenhaft und lerneifrig, der Beruf gefiel ihr. Dann kam die Tochter zur Welt, und die junge Mutter kümmerte sich erst einmal nur um das Kind, das sie brauchte. Prüfungen wurden verlegt, verschoben, ausgesetzt. So lange, bis Fristen verstrichen. Das Kind wuchs heran, die Mutter jobbte stundenweise bei H&M, dafür brauchte es keinen Abschluss. Später würde sie alles nachholen. Dann kündigte sich das zweite Baby an – und wieder war keine Zeit zum Lernen. Wie schon zuvor sagte sich Steffi: Später. Aber dieses Später gab es nicht.

Es ist nicht allein diese Biografie, die Stefanie K. auf die schiefe Bahn bringt. Aber zumindest liegt hier die Ursache für den ersten Anklagepunkt in dieser Verhandlung vorm Amtsgericht: Urkundenfälschung und Vorspiegelung falscher Tatsachen. Stefanie fand, als die Kinder größer wurden und sie selbst wieder Lust zum Arbeiten hatte, niemanden, der sie für vernünftiges Geld als Fachfrau einstellen wollte. Sie blieb die Hilfskraft. Das gefiel ihr nirgendwo lange. »Du hat doch einen tollen Abschluss, lass dich nicht abwimmeln«, drängte die Familie. Doch Stefanie K. hatte keinen tollen Abschluss. Es ahnte nur niemand. »Ich wusste damals nicht ein noch aus«, sagt Frau K. bedächtig. »Die Gefühle zerrissen. Wem sollte ich die Wahrheit sagen?« Sie wirkt, als wäre sie jemand, der sich selbst aus der Ferne betrachtet. »Das war nicht richtig.«

Für eine Stelle bei der Brandenburger CDU fälschte sie zum ersten Mal ihre Papiere. Erfand sich ein Abiturzeugnis an einem westfälischen Gymnasium, erteilte sich gute Noten sowie den IHK-Abschluss als Bürokauffrau. Beides fiel nicht auf. »Trotzdem lag ein Druck auf mir, den ich nicht erklären konnte. Wurde ich gemobbt? Oder bildete ich es mir nur ein?« Fragend schaut sie den Richter an. Nachdenklich hebt der die Schultern. Er kennt die alte Akte des Vorgängergerichts, das Stefanie K. schon einmal schuldig sprach. Es gab finanzielle Unregelmäßigkeiten auf ihrer Arbeitsstelle und Konflikte. Man stieß auf sie als »Fehlerquelle«. Kündigung, Strafverfahren, Schulden folgten. Auch ein Bruch in der Familie. »Ich weiß, dass mir niemand mehr richtig vertrauen konnte«, analysiert sie die Situation, die dann eintrat. »Aber wir wollten uns nicht trennen. Wir wollten es weiter versuchen.« Der Ehemann passt fortan noch mehr auf das gemeinsame Geld auf. Die familiäre Harmonie leidet.

Aufs Neue sucht Frau K. Arbeit. Es dauert. Endlich hat sie Glück. Ein mittelständisches Unternehmen der Immobilienbranche mit ausgelagerten Büros braucht eine gute Seele. Nun schon zum zweiten Mal öffnen ihr die falschen Zeugnisse den Zugang zu einer Stelle. Sie arbeitet in der Buchhaltung, teilt eingehende Rechnungen auf die einzelnen Fachbereiche auf, registriert Geldein- und Geldausgänge, verwaltet und bestellt Büromaterial für die Firma. Von dem alten Verfahren weiß der Arbeitgeber nichts. Er schätzt Frau K., hört aber gelegentlich, dass sich Kollegen über ihre Art wundern.

Stefanie K. sagt, sie lässt sich zu vieles gefallen. Andere schimpfen oder wehren sich. Sie wiederum schluckt allen Ärger und grämt sich. Über Ungerechtigkeiten zum Beispiel, egal, ob sie selbst davon berührt ist oder es andere trifft. »So etwas kann ich nur schwer ertragen«, erklärt sie. Sie versucht dann, sich beliebt zu machen, zu trösten, die Kollegen zu erfreuen: Sie besorgt Nespresso-Kapseln in den Lieblings-Sorten, schicke blaue Koffer für die Außendienstler, auch Kosmetika, gern als Überraschung zu Ostern, Blumensträuße, Mousepads und Milchaufschäumer. Kleine Wohltaten eben – später dann auch größere, darunter diverse iPhones. »Die hab ich alle verschenkt«, sagt Frau K. und gibt sich großzügig. Das Ganze bezahlt hat allerdings ihr Arbeitgeber. Sämtliche Lieferungen gingen über Firmenkonten.

Hundertachtundachtzig Bestellungen in einem Wert von 24.481 Euro sind nun angeklagt. Die Rechtsabteilung des Unternehmens hat die strittigen Vorgänge dokumentiert. Stefanie K. und ihr Anwalt sind die Liste durchgegangen. Posten für Posten. Dort setzt ihre Verteidigungsstrategie auch an, bei den wiederholten Nespesso-Kapsel-Bestellungen, die die Beschuldigte niemals für sich selbst getätigt hätte. »Ich trinke überhaupt keinen Kaffee!« Doch die Kollegen, die benutzten die Maschine gern. Die begehrtesten Sorten waren immer schnell vergriffen. »Dann füllte ich auf …« Auch Koffer, im typischen blauen Farbton des Unternehmens, waren doch wohl eindeutig nicht privat gedacht. Stefanie K. widmet sich der Aufstellung ihrer Vergehen mit großem Ernst, erzählt von den Anlässen, ergänzt mitunter noch Details, beschreibt die Dinge.

An die meisten Bestellungen erinnert sie sich sehr gut. An das Klimamessgerät zum Beispiel – »Was sollte ich denn damit?« –, von dem sie »das Gefühl hatte, es könnte anderen hilfreich sein«. An den neuen Staubsauger für das Büro, die Gaming-Mouse, die sich Frau A. wünschte, das Werkzeugset, das sie brauchten, »weil nie ein Schraubenzieher zur Hand war«. So geht es weiter mit den Schilderungen. Und immer, das betont Stefanie K., wäre es ihr darum gegangen, Konflikte zu entschärfen, die Arbeitsfreude zu heben, den Mitarbeitern einen Gefallen zu tun – verbunden vielleicht auch mit der Suche nach Anerkennung. Sie handelte aus eigenem Antrieb. Kein Chef gab ihr den Auftrag, all dies zu tun. »Es kam mehr so aus einem Gefühl, aus einer inneren Stimmung heraus«, räumt sie ein. Sie fühlte sich wichtig. Sie entschied, wer die Zuwendung erhielt und wer nicht.

Das möchte sich der Richter gern genauer erklären lassen. Was heißt »innere Stimmung«? Wie spüren Sie die? Stefanie K. sucht nach Worten. »In mir drinnen, in meinem Kopf, geht es bisweilen arg durcheinander. Wenn ein Problem auftaucht, wenn ich mit etwas nicht klarkomme, wenn ich ratlos bin, dann diskutieren zwei Steffis mit mir. Die gute Steffi und die böse. Sie sprechen mit meiner eigenen Stimme, aber sie äußern sich grundverschieden. Wenn die eine sagt: Hey, tu den Kollegen doch mal was Gutes, es wird sich auszahlen, hält die andere dagegen: Dafür hast du kein Geld, lass es!« Stefanie K. versucht dann manchmal, die Stimmen zu überhören, aber sie lassen sie nicht in Ruhe. Mitunter sieht sie die beiden Steffis auch. »Sie drängen mich so lange, bis ich etwas unternehme. Oft ist es das Falsche. Das weiß ich. Dann kommt das schlechte Gewissen.«

Da Frau K. keine Ausflüchte macht, zu den eigenmächtigen Buchungen steht und seit fast zwei Jahren aus eigenen Stücken auch eine Therapie besucht, geht der Richter kein Risiko ein. Er möchte die Mutter zweier halbwüchsiger Kinder nicht ins Gefängnis schicken, bevor er versteht, was sie antrieb. Eigene Bereicherung offenbar nicht. Doch sie ist rückfällig geworden kurz nach ihrer ersten Verurteilung. Sie hat die Bewährung verspielt. Eine Haftstrafe liegt im Bereich des Denkbaren. Er regt an, das Gutachten eines psychiatrischen Sachverständigen einzuholen. Fürs Erste ruht das Verfahren.

Stefanie K. schaut erstaunt. Langsam zieht sie den taubenblauen Mantel über das taubenblaue Kleid und tritt ins Freie. Seit sie sich einen Hund angeschafft hat, das erzählt sie noch, nimmt sie sich mehr Zeit für sich, geht mit ihm raus, in den Wald, nur sie beide.

21. Hier spricht die Polizei!

Das Telefon klingelt spätabends bei Leuten, die Erna, Sieglinde, Walter oder Waltraud heißen und die anschließend mit einem üblen Trick um Geld und Schmuck gebracht werden.

Vor ziemlich genau zwanzig Jahren begann die Masche mit dem sogenannten »Enkel-Trick«. Und sie boomte. Ältere Menschen, bevorzugt solche, die alleine leben und aus den unterschiedlichsten Gründen keine allzu engen familiären Kontakte haben, erhielten Anrufe, dass ihr Enkel oder ihre Enkelin, wahlweise auch der Neffe oder die Nichte, in ernsten Problemen steckten. Wortgewandte Betrüger verwandelten sich am Telefon in scheinbar verzweifelte Verwandte. Sie verwickelten ihre Opfer in vertrauensvolle Gespräche, die dann meist mit den Worten endeten: »Versuche doch bitte, das Geld so schnell wie möglich zu beschaffen! Ich brauche es wirklich dringend. Und dann kommt ein Freund von mir, um es abzuholen. Du bist meine letzte Rettung!« Wer schlägt schon seine Hilfe aus, wenn ein lieber Mensch in Not ist?

Der Legende nach stießen 1999 der Pole Arkadiusz »Hoss« Lakatosz und sein Bruder Adam in Hamburg auf diesen Trick, der in ähnlicher Form schon nach dem Zweiten Weltkrieg eine Zeit lang grassierte, damals allerdings noch ohne Telefon. »Hoss« und Adam verfeinerten ihn, schufen sich einen Clan von Helfern und Helfershelfern. Ihr überaus lukrativer Gewinn inspirierte europaweit unzählige Nachahmer. Einige wenige der Täter leben im Luxus, andere sitzen hinter Gittern. Doch die Masche funktioniert noch immer.

Gar so himmelhoch wachsen die Träume von Jessica W. nicht. Luxus, schön und gut. Aber sie wäre schon glücklich, wenn ihre Schulden sich endlich mal in Luft auflösten, wenn sie nicht am Geburtstagsgeschenk ihrer Tochter knapsen müsste und der Kauf eines größeren Kühlschranks drin wäre. In diversen Chats, die die Polizei dokumentiert hat, erzählt sie einer Bekannten, wie sehr es sie nervt, jeden Cent dreimal umdrehen zu müssen. »So'n paar Tausender, das hätte schon was!«

An die erhofften Summen ist Jessica W. allerdings nicht gekommen. Sie musste sich eher mit Krümeln begnügen, die vom Tisch der Auftraggeber fielen, für die sie auf Beutezug ging. Sie nennt diese Auftraggeber »meine Freunde«.

Vielleicht ist das ja ohnehin die größte Enttäuschung für die 28-Jährige, dass weder ihr Ex Mirac K. noch die Clique, die ihn umgibt, sie je ernst nahmen. Jessica sagt, sie habe den jungen Türken, den sie schon aus der Schule kannte, sehr gemocht. Sie waren ein Paar. »Aber er kam und ging, wie es ihm passte.« Eines Tages verschwand er ganz. Als er sich nach sieben Jahren Sendepause plötzlich wieder bei ihr meldet, flammt neue Hoffnung auf. Sie will ihm helfen, denn er ist »arm wie eine Kirchenmaus«, glaubt sie.

Jessica W. zählt nicht zu den klügsten Mädchen. Sie hatte schon als Kind Probleme mit dem Lernen. »Ich war immer langsamer als die anderen«, beschreibt sie das Dilemma. Mit Geld kann sie nicht umgehen, eine Ausbildung fand sie nicht. Sie heiratete früh, bekam ein Baby, war bald wieder allein. Bis besagter Mirac zum zweiten Mal in ihr Leben trat und sie durch ihn Hassan, Murat, Can und Emir, später auch die Frauen Erika und Angelina kennenlernte. Sie alle vermittelten ihr das Gefühl, wichtig zu sein. Oder zählten am Ende doch nur ihre Gutmütigkeit und ihr Vertrauen, ihr deutscher Pass und ihre feste Adresse? Man weiß es nicht.

Die pummelige Brünette mit dem lustigen Kinderpferdeschwanz steht ganz allein vor Gericht. Keiner der »Freunde« hat sich seit ihrer Verhaftung um sie gekümmert. Es gab keinen Besuch, kein Hilfsangebot, kein Daumendrücken. Der erfahrene Staatsanwalt, der sich mit Betrugsdelikten in der Hauptstadt bestens auskennt, kann darauf keine Rücksicht nehmen. Er vertritt die Anklage gegen sie, sieht Jessica als Teil einer Bande, die gewerbsmäßig und gewissenlos älteren Menschen Angst eingejagt und sie in Panik versetzt haben – und das mit einem möglicherweise noch fieseren Trick als der bekannten Enkel-Masche.

Der geht nämlich so: Das Telefon klingelt spätabends, manchmal sogar nachts, bei Leuten, die Erna, Sieglinde, Walter oder Waltraud heißen und die mit ihrem vollen Namen in herkömmlichen Telefonverzeichnissen stehen. Aus dem Schlaf gerissen, erfahren sie Bedrohliches: Ganz in der Nähe sei gerade eine Einbrecherbande unterwegs, bewaffnete Kriminelle, die bevorzugt bei älteren Menschen eindringen. »Aber sorgen Sie sich nicht, wir beschützen Sie. Haben Sie

Bargeld im Haus? Schmuck? Goldmünzen? Antiquitäten? Dann tun Sie das alles ganz schnell in einen Beutel und deponieren ihn draußen vor der Tür. Unsere Kollegen stellen Ihre Wertstücke sicher und bringen sie unversehrt zu Ihnen zurück, wenn die Bande gefasst ist. Aber wir benötigen Ihre Mithilfe und absolute Geheimhaltung. Bleiben Sie unbedingt am Telefon und befolgen Sie unsere Hinweise …«

Manchmal stellt sich ein Kriminalhauptkommissar Peter Schwarz vor, ganz korrekt mit Dienststelle und Rufnummer, manchmal ein Polizeiobermeister Lukas Lemke. Und wenn eines der aufgescheuchten Opfer die Mär nicht glauben will, überzeugt sie der Hinweis, doch bei der 110 nachzufragen. Ein paar Misstrauische tun das. Was sie nicht wissen: Das Festnetz ist manipuliert und der vermeintliche Notruf längst umgeleitet. Die »Beamten«, die sich dann dort melden, bestätigen natürlich den Einsatz.

Jessica W. gibt zu, Teil dieses hinterhältigen Spiels gewesen zu sein. Anfangs nahm sie lediglich das Geld aus den Beutezügen entgegen und brachte es in die Türkei – Mirac zuliebe. Es waren dreißigtausend Euro. Für sie selbst sprangen kaum mehr als die Flugtickets heraus. Woher die Scheine stammten? Sie dachte an Drogen. Ihr Liebster jedenfalls konnte aus seinem Kellerloch in eine feine Wohnung ziehen.

Eher durch Zufall erfährt sie bei einem ihrer Besuche von dem Callcenter, das Mirac K. und seine Bande von der Türkei aus betreiben. Sie hört von »Jackpots« und »Ü-Eiern« – erfolgreich in Deutschland gelaufenen größeren Coups und Deals, die noch ausstehen. Und auf solch ein »Ü-Ei« hofft auch Jessica. Als vergleichsweise kleiner Fisch zappelt sie fortan im Netz der telefonierenden Hintermänner, geködert, um das größte Risiko einzugehen – das Einsammeln der Beute. Die Herren am Telefon agieren weit weg. Wie jeder »Abholer« empfängt Jessica per Chat und Sprachanruf präzise Anweisungen, wie sie sich zu bewegen habe, worauf sie achten müsse, was mit der Beute zu tun sei. Beleidigungen wie »Ey, steh nicht so doof da« inklusive.

Monatelang hält sie sich in den Nachtstunden für diesen Job bereit, unentwegt werden die Aktionen angekündigt und wieder verworfen. Zu vier oder fünf eigenen Einsätzen kam es tatsächlich. Sie fuhr dann mit dem Taxi zu der angegebenen Adresse, beobachtete die arglosen Opfer, steckte die für die falsche Polizei bereitgelegten Geldscheine und Wertsachen ein und verschwand in ihre Wohnung. Bis die echte Polizei sie auf der Flucht von einem Tatort festnahm.

Seitdem befindet sich Jessica W. in U-Haft. Ihre kleine Tochter lebt vorübergehend beim leiblichen Vater. Das Regelwerk der Branche besagt, dass der Abholer im günstigsten Fall ein Viertel der Beute erhält. Jessicas Anteil wird über die gesamte Zeit nicht mehr als zwei oder drei Tausender betragen haben. Aber sie haftet nun für vierunddreißigtausend Euro, die den Opfern abgeluchst wurden in den Fällen, an denen sie in irgendeiner Form beteiligt war. Gesamtschuldnerische Haftung nennt es das Gesetz. »Ich bin so dumm«, klagt Jessica W., »wie kann ich das je wieder gut machen?«

»Ich bin so dumm«, stöhnt vor Gericht auch eine 71-Jährige, die auf den Trick hereingefallen ist. »Aber der Kommissar am Telefon klang so echt und so besorgt …«. Heidemarie H. betreute an jenem Abend ihren neunzigjährigen Schwager in dessen Haus. Es ging ihm nicht gut nach einem Schlaganfall. Er war unruhig. »Ich wollte alles von ihm fern halten.« Eintausendfünfhundert Euro legte die Dame unter einen Baum auf dem Grundstück – »fuffzehnhundert, stellnse sich das mal vor«, berlinert sie fassungslos. Zu spät schrillten bei ihr die Alarmglocken. Sie sagte sich: »Heidi, da ist was faul!« Sie tippte die Nummer des Polizeinotrufs ins Handy, doch das Geld war da schon weg.

»Wie kannst du nur so dusselig sein!«, schimpfte schließlich auch die Schwester, die zur Kur weilte, mit ihr. Heidemarie H. hebt die Hände. »Aber zum Glück hat sie mir verziehen. Den Verlust haben wir uns geteilt, so macht man das unter Schwestern.« Auch sie selbst ist großherzig. Als die Angeklagte Jessica W. der Rentnerin in die Augen schaut und schwört, dass sie sich wirklich schäme und im Gefängnis jeden Tag daran denken müsse, welchen Schaden sie angerichtet hat, da dreht sich Frau H. zu ihr um und sagt: »Entschuldigung angenommen, okay. Aber lernen Sie draus.«

Dreieinhalb Jahre Haft lautet das Urteil. Bei dieser Höhe gibt es keine Bewährung mehr. Bis sie den amtlichen Brief erhält, der zum Strafantritt auffordert, darf Jessica W. nach Hause, um für ihr Kind zu sorgen. »Aber seien Sie dann pünktlich«, ermahnt der Richter. Pass und Ausweis zieht er vorsichtshalber ein.

22. Schlachtorgie oder Statement?

Ziege Lilly starb, weil zwei Männer sagen, sie hatten Hunger. Am Ende streitet das Gericht um den Wert einer Lammkeule, persönliche Notlagen und die Probleme der Massentierhaltung.

Die Einzigen, die in diesem Prozess schweigen, sind die Angeklagten. Zwei Männer, neunundzwanzig Jahre alt, ungelernte Rumänen, die gerade erst nach Deutschland kamen, weil man ihnen hier Arbeit und Lohn versprach, stehen vor Gericht. Schöner und größer soll die Hauptstadt werden. Es wird viel gebaut. Dafür braucht es Hilfskräfte, gern auch illegale. Razvan V. und Iulian B. stammen aus abgeschiedenen Dörfern, sie kommen aus kleinbäuerlichen Verhältnissen, gingen gerade mal fünf Jahre zur Schule. Schon als Jungs arbeiteten sie auf den Höfen der Eltern mit, misteten Ställe aus, molken Kühe, halfen beim Schlachten. Außer ein paar Floskeln verstehen sie kein Wort Deutsch.

Weshalb die Männer hofften, Berlin könne ihnen so etwas wie eine Zukunft bieten, versuchen ihre Verteidiger zu erklären. Die Geschichte liest sich so: Ein zweifelhafter Vermittler warb die Männer auf brachliegenden Baustellen in Bukarest an. Der »Boss«, so wurde ihnen versichert, bezahle die Bustickets. Doch er hat den Betrag wohl nur vorgestreckt und dafür die Pässe der Arbeitskräfte einkassiert. Als Sicherheit. Noch am Busbahnhof wurden die Ankömmlinge an andere Osteuropäer verwiesen, die meist inoffiziell irgendwo zur Untermiete wohnen und immer noch zwei, drei, vier, fünf Mann bei sich aufnehmen. Gegen Geld, versteht sich.

Überhaupt geht es in diesem Prozess viel um Geld. Um die sieben Euro Stundenlohn, die den Rumänen versprochen, aber fast nie gezahlt wurden. Um vermutlich zwei oder drei Euro, die Razvan V. an jenem Tag, als die Ziege starb, noch in seiner Hosentasche hatte und für Bier ausgab. Um den Wert einer Angora-Ziege beziehungsweise ihres rechten Hinterlaufs. Um die Preise von billigem Schlachtfleisch auf dem Weltmarkt. Um die Millionen, die große Konzerne mit einer Massenhaltung verdienen, die jedem Tierwohl spottet.

Hört man die Vorwürfe in der Anklage und die bohrenden Fragen der Richterin, könnte man meinen, Razvan V. und Iulian B. hätten mitten in Berlin wild vor sich hin gemeuchelt und eine wahre Schlachtorgie veranstaltet. Hält man es hingegen mit den Verteidigern, erscheint der umgangssprachliche »Mundraub« als geradezu groteskes Missverständnis der Tat und die Auge-in-Auge-Schlachtung einer Ziege eher als revolutionäres Statement gegen das Elend der modernen Nutztierhaltung.

Revolutionäre Gedanken indes liegen den beiden Angeklagten derzeit ferner als fern. Sie bangen nur um ihre persönliche Zukunft. Seit jener Nacht, als ein Streifenwagen der Polizei sie in flagranti, bei der Flucht aus dem Gehege eines Streichelzoos, beim Überklettern des Zauns erwischten, sitzen beide in Untersuchungshaft.

Keine Einkommensbescheinigung, kein Arbeitspapier, kein Mietvertrag liegt vor. Das bedeutet also Gefängnis.

Nie bestritten Razvan V. und Iulian B. nach ihrer Festnahme, dass sie das Tier im Stall töteten. Es wäre auch sinnlos gewesen. Sie hatten ja sozusagen noch das Blut der Ziege an den Händen. »Der Hunger war groß. Wir besaßen beide kein Geld mehr, auch keine Aussicht auf Geld. Wir hatten seit Tagen nichts Richtiges gegessen. Besonders mein Kumpel konnte nicht mehr«, erzählte Razvan V. seinem Anwalt, der es nun für ihn wiedergibt. »Da sahen wir nachmittags die Schafe auf dem Bauernhof und kamen abends zurück.« Im Dunkeln und mit einem Messer.

Sie überstiegen den Zaun, schnitten dem Tier die Kehle durch und trennten ein Hinterbein ab. Diese Keule, so sagen sie, wollten sie essen. Dass das vermeintliche Schaf eine Ziege war, sahen sie nicht. Auch die Trächtigkeit von Lilly fiel ihnen nicht auf. Und das, obwohl sie als Bauernkinder groß wurden? Immerhin argumentieren sie damit, dass das Tier den Menschen ernähren soll, so hätten sie es gelernt. Doch sie geben auch zu, dass ein fremdes Tier überall ein fremdes Tier bleibt, dass es Diebstahl ist, wenn man es stiehlt. Diebstahl mit Waffen, befindet das deutsche Strafgesetz, und nimmt in diesem Fall noch hinzu: Sachbeschädigung, Einbruch, wahlweise Hausfriedensbruch, Verstoß gegen das Tierschutzgesetz durch sinnloses Töten eines Wirbeltiers.

Ein Züchter hatte Lilly, die zwar aussah wie ein Schaf, aber der Rasse der Angoraziegen angehörte, dem kleinen Streichelzoo in der großen Stadt gespendet. Bei einem Kauf, so schätzt der Tierpfleger, der Lilly betreute, wäre sie vielleicht um die hundertzwanzig bis zweihundert Euro teuer gewesen. Und bald hätte es ja auch Nachwuchs gegeben im Neuköllner Park. Wie berechnet das Gericht nun den Wert des »Diebesgutes«? Zählt das ganze Tier? Die Mutterschaft? Nur das zum Verspeisen gedachte Hinterbein? Was kostet eine Lammkeule im Supermarkt? Schätzt jemand ein, wie sehr Lilly den Besuchern des Zoos fehlt?

Den Hunger jedenfalls kauft das Gericht den Angeklagten nicht ab. »Sie sagen doch selbst, dass Sie am Tattag noch über zwei oder drei Euro verfügten. Haben Sie mal überlegt, was man damit alles zu essen kaufen kann?«, fragt die blutjunge Staatsanwältin, die vielleicht ihre erste größere Sache verhandelt. »Sie hätten zum Beispiel zu McDonalds gehen können oder in den Supermarkt. Statt dessen tranken Sie lieber Bier … « – »Verehrte Kollegin«, kontert der kaum ältere Rechtsanwalt, der Razvan V. vertritt, »Sie wissen aber schon, dass man Hunger sehr wohl mit Alkohol betäuben kann, oder?«

Sogar um den Schmerz, den das Tier womöglich erleiden musste, streiten sich beide Seiten. »Eine Schächtung ohne Betäubung – das ist gewiss ein sehr qualvoller Tod«, mutmaßt die Staatsanwältin und verlangt eine Haftstrafe. – Die Verteidigung widerspricht: »Bei der Jagd oder in der Fischerei heißt es ja auch nicht: qualvoller Tod. Im Gegenteil. Das Erlegen von eigener Hand, Auge in Auge mit dem Tier, das ist viel artgerechter als jede maschinelle Tötung.« Er verweist auf den schnellen, fachgerechten Schnitt durch die Kehle, durch den Ziege Lilly starb. Und polemisiert dann gleich noch im Großen: Vom massenhaften Vernichten vermeintlich »wertloser« männlicher Küken reichen seine Vorwürfe bis zu den Auswüchsen der Massentierhaltung, über qualvollen Transport und Missstände bei der Schlachtung. »Wenn ein Tier getötet wird, um den Hunger zu stillen, dann ist nicht das der Skandal, sondern unsere Scheinheiligkeit. Ginge es wirklich um das Tierwohl, müssten wir morgen alle Schlachthöfe schließen.«

Falls der junge Anwalt nach seinem engagierten Vortrag ernstlich auf einen Freispruch gehofft hat oder »hilfshilfshilfsweise«, wie er sagt, auf eine Geldstrafe, so wird er nun bitter enttäuscht. Eine Notlage kann die Richterin nicht erkennen. »Wenn ich Appetit auf ein Schafsbein habe, ist das kein vernünftiger Grund, eine Ziege zu töten«, lautet im O-Ton ihr Fazit. Eine Möglichkeit zur Bewährung findet sie unangemessen. Die gesamten Lebensumstände der Angeklagten seien einfach zu heikel, um sie aus dem Gefängnis zu entlassen. Zehn Monate Haft also für Razvan V., neun Monate für Iulian B. Positive Tatsachen für beider Zukunft sähe sie momentan nicht, setzt die Richterin noch hinzu, bevor sie verfügt: »Falls Sie Rechtsmittel einlegen, steht Ihnen das Urteil in rumänischer Sprache zu.«

23. Maurice

Weil sich die behandelnden Ärzte uneins über die Notwendigkeit einer Operation waren, starb ein Siebenjähriger, der gute Chancen auf Heilung hatte.

Maurice lebt nicht mehr. Am 15. Oktober 2016 abends starb er auf der Intensivstation eines Düsseldorfer Krankenhauses. Frühmorgens hatte der Vater den Jungen in die Klinik gebracht. Es war Wochenende, Maurice erbrach sich seit Stunden, der Bauch krampfte und schmerzte. Er jammerte, war blass und kraftlos.

Wenige Tage vor Beginn des Gerichtsprozesses wäre Maurice zehn Jahre alt geworden. Seine Eltern schaffen es nicht, an der Verhandlung teilzunehmen. Ihr Kummer ist größer als das Verlangen, endlich einen Schuldigen zu sehen. Sie seien sehr gläubige Menschen, die auf Gerechtigkeit vertrauen, sagt ihr Anwalt, ein massiger Mann mit warmer Stimme. Er vertritt Vater und Mutter in der Verhandlung mit klaren Worten und guten juristischen Argumenten, aber auch mit Emotionen. Er nennt Maurice immer wieder ganz bewusst beim Namen. Aber er kann dem Leid kein eigenes Gesicht geben. Die Angeklagten und ihre Verteidiger müssen der Familie nicht in die Augen schauen, deren Leben binnen weniger Stunden eine so dramatische Wende nahm. Sie können sich auf die neutralere Wortwendung »das Kind«, »der Junge« oder »der Patient« zurückziehen, wenn sie von dem kleinen blonden Kerlchen berichten, das da in ihrer Obhut starb.

Die Düsseldorfer Klinik hat einen guten Ruf. Es ist ein evangelisches Haus, das an die fünfundneunzigtausend Menschen im Jahr medizinisch versorgt. Sie betreibt sogar eine eigene Kinderchirurgie, die mit dem Spruch für sich wirbt: »Bei uns bekommt jedes Kind die medizinische Versorgung, die es braucht.« Dass man ihrem kleinen Sohn Maurice dort helfen würde, davon waren die Eltern felsenfest überzeugt.

Die vorangegangene Nacht hatte sie alle sehr strapaziert. Der Kleine übergab sich permanent. Zäpfchen halfen ebenso wenig wie Wickel und Wärmflasche. Die Bauchschmerzen blieben. Schon nach wenigen Schlucken Tee übergab er sich wieder. Ganz früh, noch vor sechs Uhr, fuhr der Vater mit seinem Siebenjährigen ins Krankenhaus, wollte ihn auf der Kinderstation vorstellen. Doch das war nicht der richtige Weg. Die Station verwies ihn zur Notambulanz, etliche Gebäude weiter. Er trug Maurice auf dem Arm, weil der nicht mehr laufen konnte. An der anderen Hand hielt er die neunjährige Schwester.

Die Rettungsstelle nimmt die drei kurz nach 6.30 Uhr an. Hier geht es Samstagfrüh hoch her. Zwei Stunden im Warteraum verstreichen, dann protokolliert ein erster Arzt den Verdacht eines »akuten Abdomens«, den schmerzhaften und bedrohlichen Zustand des Bauchraums mit zunächst unklarer Ursache, der dringend weiterer Abklärung bedarf. Maurice wird nun wieder zurück auf die Kinderstation überwiesen. Vater und Kinder eilen dorthin zurück. Gegen elf Uhr vormittags erfolgt in der Klinik eine Sonografie. Das Labor wertet Maurice' Blutwerte aus. Gegen Mittag entsteht ein Röntgenbild.

Der erfahrene Kinderarzt Dr. S. und seine junge Assistentin Sonya El A., die an jenem Tag auf der Kinderstation Dienst haben, können die Befunde aller Untersuchungen einsehen und finden ihre Befürchtung bestätigt: Maurice leidet ganz eindeutig an einem Darmverschluss. Eine Schlinge des Organs hat sich verdreht, klemmt Durchfluss und Durchblutung ab. Dass der kleine Junge dieses Risiko offenbar schon von Geburt an besaß, wusste niemand. Für die weitere Behandlung ist das auch nicht wirklich wichtig, denn ein sogenannter »mechanischer Ileus« ist bei jedem Kind lebensbedrohlich und muss schnellstmöglich operiert werden. Das Bauchfell kann sich entzünden, es droht ein Kreislaufkollaps.

Die beiden Kinderärzte sind in diesem Prozess die Angeklagten. Die Staatsanwaltschaft sieht bei ihnen die Schuld dafür, dass Maurice über eine viel zu lange Zeit ohne die erforderliche Operation blieb. Dass sie nicht alles dafür taten, das Kind zu retten. Fahrlässige Tötung durch Unterlassen heißt dieser Vorwurf in der juristischen Sprache und im Strafgesetzbuch. Aber sind der Oberarzt Dr. T. und die Ärztin Sonya El A. wirklich diejenigen, die die sofortige Operation hätten anordnen und durchsetzen müssen?

Die Hierarchie in einer Klinik formt für den Laien mitunter wundersame, unverständliche, inakzeptable

Wege und Umwege. Deshalb sehen sich die beiden Mediziner auf der Anklagebank auch als die »Falschen«, als die Unschuldigen. Ihre Verantwortung, so lassen sie ihre Anwälte ausrichten, hätten sie fürsorglich wahrgenommen. Sie kümmerten sich um Maurice, gaben die nötigen Untersuchungen in Auftrag, werteten sie aus und verständigten die Kinderchirurgie. Dorthin gehörte Maurice aus ihrer Sicht. Und zwar sofort!

Aber der Kinderchirurg befand sich in den Herbstferien, die Betten der Station waren belegt. Den Transport in ein anderes Krankenhaus der Stadt lehnte der Rettungsdienst ab, weil ihm der kleine Patient viel zu krank und geschwächt für eine solche Tour erschien. Was blieb als Alternative?

Von nun an wird es unübersichtlich in den Berichten der Klinik. Die Kinderärzte Dr. S. und Sonya El A. sagen, sie drängten die Erwachsenen-Chirurgie, das Kind aufzunehmen und weiter zu behandeln. Und, ja, sie hätten auch hingewiesen auf die Dringlichkeit einer Operation. Anordnen können sie diese jedoch nicht. Jede Fachabteilung trifft ihre eigenen Entscheidungen. Zwei Ärztinnen der Chirurgie waren hinzugezogen und hätten den Jungen untersucht.

Laut Krankenhausdokumentation geschah dies offenbar mit unterschiedlichen Eindrücken und Ergebnissen. Ein Gutachter verliest vor Gericht lange Passagen aus den Akten, deren Fazit lautet: Die eine Ärztin befand den Bauch des Jungen als »akut«, »hart« und »ohne Geräusche«, was auf einen Notfall hindeutet. Die andere, zu einem späteren Zeitpunkt, notiert »keine klinische Verschlechterung«, »bewegt sich, spricht«. Irgendwo steht vermerkt: »Kein Druckschmerz.« Aber mehrmals bricht Maurice gallige Flüssigkeit aus, weil bei einem Verschluss des Darms dessen Inhalte in den Magen zurückfließen. Dann erholt er sich wieder für ein paar Momente. Die Intensivstation schreibt am Nachmittag in die Papiere: »Kind spielt mit Eltern am Bett.« Das muss gegen 16.00 Uhr gewesen sein. Maurice' Eltern empfanden diese Stunden bei ihrem Kleinen als »leidend«. Sie waren voller Angst, vertrauten aber den Ärzten. Die hatten dem Jungen inzwischen eine Infusion verabreicht mit Zucker und Salzen. Die Laborwerte blieben alarmierend. Zur Operation kam es nicht. Kurz nach 18.00 Uhr brach Maurice' Kreislauf zusammen. Er wachte nicht wieder auf. Alle Wiederbelebungsversuche versagten. Um 19.30 Uhr war Maurice tot.

Die Richterin ist voller Mitgefühl für die Eltern und die kleine Schwester. »Es gibt nichts Schlimmeres für eine Familie«, sagt sie, »diese Hilflosigkeit, dieser Verlust. Ich bin selbst Mutter. Aber wir können deshalb nicht die Falschen verurteilen.« Sie bescheinigt den beiden Angeklagten, all das richtig gemacht zu haben, was in ihrer Hand lag. Und sie ist sich deshalb mit dem Staatsanwalt, den Verteidigern und sogar dem Anwalt der Eltern einig über das Urteil: Freispruch!

Doch die Fragen bleiben: Wer hat wann wo was gewusst? Warum verging so viel Zeit? Wer hätte wann was veranlassen müssen? Wäre es möglich gewesen, einen anderen ausgewiesenen Kinderchirurgen hinzuzuziehen oder stehen dem Klinikhierarchien und Versicherungsrisiken entgegen? Warum wichen die Untersuchungsbefunde der Ärzte so voneinander ab? Wer hätte das kontrollieren müssen?

Die Ermittlungen im Fall Maurice werden wohl weitergehen. Das kündigt der Staatsanwalt zumindest an. Die beiden Chirurginnen, die soeben noch als Zeuginnen in den Gerichtssaal gerufen wurden, wissen, dass jetzt ihre Arbeit überprüft wird. Sie schweigen. Das dürfen sie, denn womöglich trifft ja sie eine Schuld. Eine rechtzeitige Operation, daran lässt das medizinische Gutachten jedenfalls keinen Zweifel, hätte Maurice retten können. Aber wer definiert nun »rechtzeitig«?

24. Vergessen all die schönen Künste!

Aus Ohnmacht vor der Konkurrenz der großen Ketten verfiel ein kleiner Buchhändler zurück in seine Depressionen. Und dann verlachte ihn auch noch eine »Lichtgestalt«. Das war zu viel.

Hanno R., vor Gericht im Anzug mit hellgelbem Seidentuch, ist ein belesener Herr alter Schule, einst Lateinlehrer, Liebhaber schöner Literatur und Kenner antiker Geschichten. Er unterrichtete Kinder, bis er ihrer nicht mehr Herr wurde. Im Münsterland, wo er aufwuchs, interessierten sich die Zwölf-, Dreizehnjährigen vormals nämlich noch für die römischen Helden und griechischen Sagen. Herrgott, was hatte er mit Rafael, seinem Lieblingsschüler, diskutiert über Hannibals Alpenüberquerung. Mit mehreren Tausend Soldaten und Pferden sowie siebenunddreißig Elefanten soll der Feldherr im Herbst 218 v. Chr. ins heutige Italien marschiert sein. Dort kämpfte der Karthager jahrelang gegen Rom und musste sich am Ende doch geschlagen geben.

Rafael, daran erinnert sich Hanno R. noch heute, wollte damals alles ganz genau wissen: Wo denn der Tross entlanggezogen sei, welche Witterungsbedingungen herrschten, wie die riesigen Tiere getränkt wurden, und ob Hannibal als Befehlshaber immer taktisch klug vorging. Lehrer und Schüler stritten, empfahlen sich Bücher, hatten ihren Spaß am Spekulieren.

Das Gesicht des Dreiundsechzigjährigen verklärt sich, wenn er an Rafael denkt, den Knaben mit der musischen Erziehung, der Cello lernte und seine Mutter, eine Balletttänzerin, vergötterte. Mit ihr hatte er die Kapitolinischen Museen in Rom besucht und das Hannibal-Fresco bewundert. »Tut das etwas zur Sache?«, fragt die Amtsrichterin ungeduldig, als R.s Lobpreisung des einstigen Schülers nicht enden will. R. nickt voller Überzeugung. »Schließlich geht es hier um Rafael, oder?«

Da hat der Angeklagte Recht. Er soll Rafael geschlagen und bespuckt haben. So lautet der Vorwurf, der Hanno R. auf die Strafbank gebracht hat. Er, der feine ältere Herr, beleidigt seinen einstigen Lieblingsschüler unter Zeugen, in aller Öffentlichkeit, in einem Café, zwei Jahrzehnte nach ihrer letzten Begegnung. Also gibt es eine Vorgeschichte. Und zu der gehört auch Rafaels Mutter. Denn nicht nur der Junge vergötterte sie – auch Hanno R. »Rein platonisch«, setzt der Lehrer schnell hinzu. »Aber sie tat für ihren Sohn und dessen Bildung alles. Ich mochte sie sehr.«

Die Tänzerin bekam allerdings bald darauf ein Engagement an einem großen Opernhaus, zog nach Berlin. Ihr Verehrer Hanno R. blieb in der Münsterländer Kleinstadt. An Rafael und dessen wunderschöner Mutter maß er fortan alle Schüler und Schülerfamilien. Dieser Vergleich fiel selten gut aus für die Nachfolgenden. Hanno R. verkroch sich in die Welt seiner antiken Helden, verfluchte die Gegenwart, legte sich mit Eltern und Schulleitern an. Er wurde – kaum Mitte vierzig – zur wundersamen Gestalt, hörte Stimmen, fühlte sich verfolgt. Er lief nachts durch die menschenleeren Straßen, schimpfte, fluchte und beleidigte.

Und als er an einem nebligen Frühsommermorgen im Mai 2003 hinabstieg in die Ems, Liszts »Preludes« in den Ohren, da war klar, dass er dieses »moderne Leben« nicht mehr wollte. Der Postbote und zwei Joggerinnen, die in der Frühe schon unterwegs waren, zogen den Mann aus dem Wasser, er kam erst ins Krankenhaus, dann in die Psychiatrie. Er blieb dort fünf lange Jahre.

»Danach war nichts mehr wie vorher«, sagt Hanno R. ganz nüchtern. Über die Zeit in der Klinik will er nicht reden. »Ich war ja selbst schuld.« Er fand eine Lebensgefährtin, ihm wurde ein Ruhegehalt zugesprochen, sein Vater hinterließ hunderttausend Euro, und für Hanno R. wurde das Leben fast wieder gut. Seine Lebensgefährtin überredete ihn wegzuziehen, nach Bremen zuerst, dort hatte sie eine Anstellung, schließlich ins Brandenburgische, woher sie stammte.

Eine kleine Berliner Buchhandlung suchte damals dringend einen Nachfolger – und Hanno R. und Roswitha, seine Partnerin, gingen das Risiko des beruflichen Wechsels ein. Sie gestalteten das Geschäft nach ihren Vorstellungen, mit Antiquariat und Leseecke. Sie veränderten auch das Sortiment, denn seine hehren Vorstellungen hatte R. nicht verloren. Er vertiefte sich ins Gespräch mit den Lesern, sie führte die Kassenbücher, eine Mitarbeiterin sortierte. Es begann gut. Hanno R. fand neue Kunden, die ihm dankten für humanistische Bildung, Belesenheit, historisches Wissen und Beratung. Aber es waren wenige. Zu wenige jedenfalls, um dauerhaft Erfolg zu verbuchen. Hanno R., der vollends unerfahren ins Geschäft eingestiegen war, wollte lange nicht glauben, dass es auch Leser gab, die seiner Expertise vertrauten und dann doch bei Amazon und Co. kauften. Er selbst mied Thalia oder Hugendubel, die »Großen«, die er »wie die Pest« hasste. Bis auf ein paar sehr persönliche Kontakte im Buchhandel hatte er sich viel zu schlecht verknüpft mit Barsortimentern, Verlagen und Vertretern. Zu umständlich waren die Wege, auf denen er bestellte. Das Internet schien ihm Teufelszeug. Und so kam es, dass seine »Erlöse« tief und tiefer ins Minus rutschten.

Irgendwann waren seine Ersparnisse so gut wie weg. Die Bank mahnte überfällige Kreditraten an, die Lebensgefährtin schalt ihn einen Narren, der die »Mission Aufklärung« zu einem Misserfolg geführt habe. Hanno R. verfiel zurück in seine finsteren Depressionen. Und während ihm Rafael und die schöne gebildete Mutter einst als Lichtfigur erschienen, gilt seine unbezwingbare Wut nun »solchen wie denen«, den »Aufsteigern« und »Emporkömmlingen«.

Er hatte Rafael wiedergetroffen, ganz zufällig, in einem Café. Rafael erkannte ihn, sprach ihn an, fragte flüchtig nach dem Woher und Wohin und erzählte voller Stolz von seinem eigenen Weg: von dem Internet-Start-up, das er mitgegründet hatte, einem Finanzdienst, den er meistbietend an einen Konkurrenten verkaufte und nun noch »beratend« begleitet. Kein Wort berührte antike Sagen, schöne Künste oder Hannibal, den Alpenbezwinger. Und als Rafael dann auch noch das Ringen des Buchhändlers um eine ehrliche Welt, in der jeder jedem vertrauen könne, als weltfremd und antiquiert verlachte, da brach all seine Ohnmacht aus R. heraus. Er schüttete dem Jüngeren dessen heißen Latte Macchiato ins Gesicht, bespuckte und beleidigte ihn. Er stieß Tisch und Stühle beiseite und warf mit Geschirr. Kurz nach der Explosion brach er weinend zusammen, fand aber kein Wort der Entschuldigung.

Rafaels Anzeige führt zur Verhandlung. Doch der Zeuge, der Betroffene, erscheint nicht im Gerichtssaal. Die Richterin verliest einen Brief, in dem Rafael Verständnis für seinen einstigen Lehrer äußert. Er schreibt, dass er nichts gewusst habe von den Depressionen, der Krankengeschichte, den Schulden. Herr R. tue ihm leid.

Das Gericht hat nun die Möglichkeit, den Zeugen trotzdem zu hören, notfalls mit angedrohtem Ordnungsgeld oder Zwang. Oder es kann das Verfahren wegen Geringfügigkeit einstellen. Fällt die Entscheidung schwer? »Nein«, verkündet die Richterin, sie hat sich mit Staatsanwalt und Verteidigung beraten. Im gegenseitigen Einvernehmen wird Hanno R. nach Hause geschickt und erhält den dringenden Rat, sich psychologische Hilfe zu holen. »Den Kampf mit der Moderne werden Sie alleine nämlich nicht bestehen.«

25. Nachts heulte er

Von einem Eifersüchtigen, der seine Ex monatelang stalkte und terrorisierte und ihr keine Ruhe ließ.

Vanessa S. sitzt wie ein einziges Häufchen Unglück im Gerichtssaal. »Nein, nein, ich möchte nicht, dass Daniel irgendetwas passiert, dass er in den Knast muss oder so. Ich hab ihn doch echt geliebt. Es war eine schöne Zeit mit ihm, damals in Frankreich. Und er tat mir auch echt leid, als wir uns trennten. Aber ich hielt seine Eifersucht einfach nicht mehr aus.« Hellblonde Kringellöckchen fallen Vanessa ins Gesicht, als sie weint. Sie hat aufgehört, die Strähnen zurückzustreichen. Hilfesuchend blickt sie zu dem schönen großen Mann auf der Anklagebank, der keine Miene verzieht. Von seinem Platz aus sieht er stoisch auf die alten Bäume im Hof. Jedes einzelne Blatt scheint interessanter als Vanessas Geschichte. Er hat beschlossen zu schweigen. Oder sein Anwalt hat ihm dazu geraten, wer weiß.

Daniel K., der scheinbar so Kühle, ist angeklagt, Vanessa S., seine einstige Liebe, monatelang terrorisiert zu haben. Nicht körperlich, nein. Er kam ihr nicht nahe. Aber er ließ ihr keine Ruhe. Er folgte ihr, wenn sie mit Freundinnen ins Kino ging, wenn sie ihr Rad vor dem Fitnessstudio, in dem sie jobbte, abstellte, wenn sie in Vorlesungen oder Seminaren saß, in denen es um Heil- und Sonderpädagogik ging, wenn sie ihrem Vater in dessen Kanzlei aushalf oder sich mit ihrem Malzirkel im Atelier traf. Immer und überall war Daniel K. dabei. Er führte Buch über jeden ihrer Schritte. Und er schrieb ihr Drohungen. Auf das Handy, über den Unicomputer, auf das iPad.

»Warst du nicht eben in der Parfümerie am Ku'damm? Ich habe dich gesehen. Du hast Cartiers *So Pretty* entwendet. Soll ich dich anzeigen?« – »Seit wann betrügst du deine Freundin Annett schon mit ihrem Mann? Soll ich ihr davon erzählen?« – »Was sagt denn dein Vater dazu, dass du kokst und dich an Freier verkaufst?« – »Weiß deine Uni eigentlich, dass du dealst?« – »Dein Boss sollte sich mal die Kassenbücher seines Fitnessstudios näher anschauen, dann würde er Augen machen über deine Kungeleien …«

Ein halbes Jahr lang liebten sich Vanessa und der Deutsch-Kanadier Daniel während ihrer Zeit als Au-Pair in der Provence. Dann begann ihr Studium in Berlin und sie kehrte zurück in die Heimat. Sie versprachen einander, in Kontakt zu bleiben, sich zu sehen, so oft es ginge.

Es ging nicht so oft, wie Daniel K. es sich vorstellte. Vanessa hatte in Deutschland ihre Freunde, ihre Familie, das Studium und einen Nebenjob, der nicht genug einbringt, um dauernd nach Frankreich zu fliegen. Vielleicht verlor sich auch das Gefühl. »Am Anfang bettelte Daniel noch, ich solle schnell wiederkommen, er flehte und jammerte, er käme allein nicht klar.« Er rief sie täglich an, früh, mittags, abends, nachts. »Nachts war es am schlimmsten. Da heulte er. Dann plötzlich schimpfte und fluchte er, ich sei eine Nutte, nichts wert, ich hätte ihn betrogen und ihm Geld geklaut. Aber das stimmt alles nicht!«

Nach ein paar Monaten schmiss Daniel K. seinen Job als Fitnesstrainer bei einem viertklassigen französischen Fußballverein, den er gerade erst angenommen hatte, reiste Vanessa hinterher und stand unangekündigt vor ihrer Tür. Genauer: vor der Tür der Wohngemeinschaft, in die sie gezogen war. Ein Mädchen und drei Jungen. Ein paar Tage lang nahm sie ihn bei sich auf, dann brauchte sie Abstand. »Daniel machte mir unentwegt Vorwürfe, ich sei untreu, würde ihn betrügen, hätte Verhältnisse mit allen Männern, die mir begegnen. Das war krank …« Die drei Jungs ihrer WG warfen Daniel K. raus und drohten ihm mit der Polizei. »Ich wollte ihm noch die Adresse eines Bekannten geben, der untervermietet, aber Daniel, tobte nur, so lasse er sich nicht abschieben. Er tat mir leid.«

Dann begann der Psychoterror. Ein anonymer Anrufer alarmierte die Feuerwehr. Seine Freundin hätte aus Liebeskummer Gift geschluckt. »Schnell, sie stirbt sonst!« Als die Rettungskräfte bei Vanessa eintrafen, war es 3.43 Uhr und die junge Frau schlief. Unscharfe Videoaufnahmen einer Nackten, die Vanessa entfernt ähnelte, verbreiteten sich via Facebook in ihrer Studiengruppe. Geschäftspartner des Vaters erhielten Hinweise darauf, dass der Herr Rechtsanwalt und Notar die Drogensucht seiner Tochter finanziere. Beim Rektorat der Universität gingen Beschwerden über einen Professor ein, der seine Studentinnen »aushalte«, und gegen den Vermieter der WG reichte »ein besorgter Nachbar«

Klage ein, weil in ihrer Wohnung illegal ein Bordell betrieben werde.

In fast zwanzig Fällen solcher »Vorkommnisse« ermittelte am Ende die Polizei gegen Daniel K., der inzwischen auch offiziell nach Deutschland gezogen war. Ein Gericht sprach im Frühjahr 2016 ein vorläufiges Kontaktverbot aus. Der verlassene Daniel bereute und versprach, Vanessa umgehend zu vergessen.

»Anfangs dachte ich, das war's nun wirklich«, erzählt Vanessa S. »Ich habe den ganzen letzten Sommer über nichts mehr von ihm gehört.« Sie zog in eine WG mit drei Mädchen, änderte alle Kontaktdaten, verließ etliche Facebook-Gruppen – und verliebte sich neu. »Ich hoffte, Daniel wäre zurück nach Frankreich gegangen.« Aber er war nur auf Tauchstation. Mit Beginn des Herbstsemesters wurde auch der Neunundzwanzigjährige wieder aktiv. Dem neuen Freund seiner Ex berichtete er »als guter Bekannter« von ausschweifenden Partys mit wechselnden Freiern, erfand Schwangerschaftsabbrüche im Ausland, fälschte Klinik-Bescheinigungen und übersandte Schuldscheine. Und wieder musste die Feuerwehr zu einem »Notfall« ausrücken.

Die Spur der Diffamierungen ließ sich allerdings nicht immer ganz eindeutig zurückverfolgen. Deshalb schweigt Daniel K. zu den Vorwürfen. Die Richterin ist trotzdem davon überzeugt, dass all die Nachstellungen und seelischen Verletzungen nur einen Urheber haben. Als K.s Anwalt die Bestätigung einer psychotherapeutischen Praxis vorlegt, in deren Behandlung sich sein Mandant bereits begeben hat, sieht sie dies zwar als eine Art Schuldeingeständnis, zugleich aber auch als einen ersten »und hoffentlich wirkungsvollen« Schritt, sich endlich und endgültig aus Vanessas Leben zurückzuziehen. Sechs Monate Haft droht sie ihm an, falls er nicht loslasse. Ihr O-Ton: »Nur diesmal noch zur Bewährung.«

26. Nur weg ...

Weil sie den Beschluss eines Familiengerichts nicht akzeptieren konnte, flüchtete eine Mutter mit ihrer fünfjährigen Tochter um die halbe Welt. Kein Land war ihr zu fern, um dem Vater zu zeigen: Du kriegst das Kind nicht!

Das offizielle Wort in diesem Fall heißt »Kindesentziehung«. Ein Elternteil beraubt das zweite Elternteil seines Rechts, das gemeinsame Kind zu sehen und zu betreuen. Meist liegen sich die Paare in einem Trennungsstreit derart in den Haaren, dass der eine dem anderen das Kind nicht gönnt und sich die Liebe des kleinen Menschen auf keinen Fall mit dem oder mit der Ex teilen will. Ein dänischer Vater ging vor sieben Jahren dabei so weit, dass er seine beiden kleinen Töchter Line Sofie und Marlene Marie nach einem Ausflug in einen norddeutschen Vergnügungspark lebendig in seinem Auto verbrannte. Er fuhr dafür auf dem Rückweg in einen brandenburgischen Wald und schüttete Benzin über die schlafenden Kinder. »Es geschah nur aus Liebe!«, barmte der Mann noch vor Gericht und bat die fassungslosen Richter, ihm zu vergeben. Die Mädchen starben bei vollem Bewusstsein, festgezurrt vom Sicherheitsgurt auf dem Rücksitz des Wagens. Ihre Mutter wartete daheim vergeblich auf die Rückkehr von Line und Marlene.

Zehn Jahre alt, so alt wie Marlene am Tag ihres Todes, ist inzwischen auch Cora. Cora lebt, sie ist gesund, sie besucht die Schule, hat Freunde und einen Vater, bei dem sie wohnt. Aber sie braucht psychologische Betreuung. Ihre Mutter, Claudia K., sitzt im Gefängnis. Im Juli 2017 wurde sie auf einer thailändischen Urlaubsinsel verhaftet, musste von Polizisten begleitet die Heimreise nach Berlin antreten und kam hier sofort in Untersuchungshaft. Ein halbes Jahr später verurteilte ein Gericht sie zu zwei Jahren und sechs Monaten Haft. Auch Claudia K. barmt und sagt, sie hätte nur deshalb so gehandelt, wie sie handelte, »weil ich mein Kind liebe …« Sie habe es schützen müssen, beteuert die 45-Jährige, schützen vor dem Vater, vor dem Jugendamt und vor Familiengerichten, die Mutter und Tochter trennen wollten. »Nur ich konnte Cora retten.« Und sie erzählt die Geschichte einer Odyssee, die das Mädchen herausriss aus dem normalen Leben.

Als Cora zur Welt kam, waren ihre Eltern eigentlich schon kein Paar mehr. Der berufliche Alltag verband sie, beide arbeiteten in der Immobilienbranche. Der Vater bezweifelt bis heute, ob seine damalige Partnerin das Kind wirklich wollte. Diese sieht nicht ein, warum er die gleichen Rechte wie sie, die Mutter, haben soll, wenn das Mädchen doch bei ihr aufwächst. »Nach der Geburt«, so beschreibt sie seine Kontaktsuche, »war er immer irgendwie in unserer Wohnung.« Sie wollte das nicht, bezichtigte den Ex sogar, er hätte der Tochter das Taschengeld gestohlen. Sie bestand auf die Trennung. Ab und an durfte Cora den Vater besuchen. Doch wenn sie dann zurückkam, sagt die Mutter, sei die Kleine meist krank gewesen und hätte über Bauchschmerzen geklagt.

Aus diesen Bauchschmerzen wird eines Tages der Vorwurf des Missbrauchs. Claudia K. konkretisiert nicht, wie sie diesen Verdacht begründet. Aber sie schaltet das Jugendamt und ein Familiengericht ein, wird unterstützt durch einen Verein, der Mütter in solchen Fällen berät und betreut. Zu einem Arzt geht Claudia K. mit dem Mädchen nicht. Sie sagt nur: »Cora war oft wund.« Da ist das Kind achtzehn Monate. Der Vater wehrt sich gegen die Beschuldigungen. Das Familiengericht glaubt ihm. Es kann keinen Hinweis auf sexuelle Annäherung oder Übergriffe finden. Es bestätigt ihm das Umgangsrecht mit seiner Tochter.

Und für Claudia K. beginnt eine Leidenszeit als »Opfer«. Denn genauso sieht und fühlt sie sich. Rechtlos und allein. »Wenn mir hier niemand hilft, muss ich eben woandershin gehen«, will sie gedacht haben. Sie nimmt ihre Tochter und steigt in ein Flugzeug. Das landet in Südamerika, in Uruguay, weit weg vom Vater. Hans V. erfährt davon, reist den beiden hinterher, einmal, zweimal. Beim zweiten Mal begleitet ihn ein deutscher Beamter, der Cora zurück nach Berlin bringt.

Wieder muss das Familiengericht über die Zukunft des Kindes entscheiden. Der Vater, der wegen »Entziehung von Minderjährigen« einen Strafantrag gegen seine einstige Partnerin gestellt hatte, ihn nun aber nicht aufrechterhält, bekommt diesmal das volle Sorgerecht zugesprochen, die Mutter nur ein Umgangsrecht. Cora soll beim Vater leben. Sie ist inzwischen fast sechs und hin- und hergerissen zwischen den Erwachsenen, die um sie kämpfen, sich misstrauen, sich kränken.

Als die Einschulung naht, ist Claudia K. wieder mit ihrer Kleinen unterwegs. Und wieder behält sie das Kind bei sich. »Andere greifen zum Messer, um sich zu verteidigen, ich habe die Koffer gepackt«, beschreibt sie, was in ihr vorging. Alles ist gründlich vorbereitet und in die Wege geleitet. Der Flug geht diesmal ans Mittelmeer, nach Valletta. Über die deutsche Botschaft in Malta bekommt Claudia K. einen Pass für Cora. Papiere, die sie braucht, um ohne Wissen und ohne Zustimmung des sorgeberechtigten Vaters das Kind dauerhaft ins Ausland zu bringen.

Schließlich verschwindet sie mit Cora nach Thailand und bleibt dort verschwunden. Um nicht aufzufallen, meldet sie das Mädchen nicht zur Schule an, sondern unterrichtet es selbst. Auch Kickboxen habe Cora dort gelernt, erzählt die Mutter. Und so, wie sie es sagt, bedeutet es vor allem, dass das Mädchen es lernte, um sich gegen den Vater zu wehren. Claudia K. kann sich von dieser schrecklichen Vorstellung, ihr Mann könnte das Kind wiederbekommen, nicht lösen. Oder sie will es nicht.

Fast drei Jahre lang sucht der Vater nach seiner Tochter. Ihn plagt die Sehnsucht und die Sorge um Cora. Ihn bedrücken die Missbrauchsvorwürfe, selbst wenn Gerichte sie ausräumten. Er vermutet, sie seien das Kalkül einer früheren Anwältin von Claudia K. gewesen. Aber sie lasten auf ihm. Da erreicht ihn eine anonyme Facebook-Mitteilung mit der Spur nach Thailand. Er sagt, er sei dieser Nachricht hinterher gereist. Ein BKA-Beamter an der deutschen Botschaft in Bangkok habe weiter ermittelt, die dortigen Behörden griffen schließlich zu. So kam Cora zurück nach Berlin, zurück zu ihm.

Claudia K. wehrt sich nun gegen ihre Verurteilung zu zweieinhalb Jahren Haft. Besser: Sie kündigt an, sich zu wehren. Als der Gerichtstermin für ihre Berufungsverhandlung feststeht und eine Kammer des Berliner Landgerichts noch einmal prüfen soll, ob die Strafe nicht doch zu hoch ausfiel, erscheint die blonde Kauffrau nicht. Ihr maltesischer Anwalt ließ ihr ausrichten, sie sei nicht verpflichtet, vor die Richter zu treten. Aber auch der Rechtsvertreter aus dem Inselstaat ist nicht angereist. Frau K. steht zwar ein deutscher Pflichtverteidiger zur Seite, doch der besitzt keine schriftliche Vollmacht. Was tun? Frau K. zwangsvorführen? Das erscheint wohl allen Seiten etwas unangemessen. Und so lässt der Vorsitzende Richter fünf Tage verstreichen und Frau K. im Gefängnis ausrichten, dass sie bitte kommen möge, wenn es ihr ernst sei mit der Berufung.

Frau K. meldet sich per Fax aus der Haft. Nein, sie wolle nicht noch einmal vor Gericht auftreten. »Ich werde fernbleiben«, schreibt sie – auch auf die Gefahr hin, dass ihre Beschwerde dann im Sande verläuft, juristisch korrekter: ihre Berufung verworfen wird. Falls man sie trotzdem zwangsweise vorführen lasse, werde sie schweigen. Das wiederum erachtet der Richter für sinnlos. Das Urteil bleibt also bestehen – und Claudia K., Coras Mutter, in Haft. Wie es dem Mädchen dabei geht, wird nicht besprochen.

27. »Danke dir!«

Ein Arzt darf seiner schwerkranken Patientin beim Suizid helfen, das ist nicht strafbar. Aber was muss er tun, wenn sie dann wirklich im Sterben liegt? Muss er versuchen, sie aus dem Koma wieder zurückzuholen?

»Dr. Tod«, das ist so ziemlich die schlimmste Beschreibung, die der Internist und Hausarzt Christoph T. über sich und eine der schwierigsten Entscheidungen, die er in seinem Arztleben getroffen hat, zuletzt in der Zeitung lesen musste. »Dr. Tod«, das klingt nach Mörder. Nach einem, der seinen Beruf und seine Position ausgenutzt hat, um einen Menschen zu töten. Dieser Vorwurf frisst an dem schmächtigen Herrn, der beinahe zerbrechlich wirkt, wenn er blass, aber kerzengerade den Gerichtssaal betritt. Leise grüßt er in den Saal, legt etwas unbeholfen den langen dunklen Wollmantel ab, platziert seine schwarze Aktentasche dicht neben sich, entnimmt ihr Hefter und Papiere, die er behutsam und sehr akribisch vor sich ausbreitet. An jedem Prozesstag dasselbe Prozedere, die gleiche Ruhe, die stille Konzentration.

Dr. Christoph T., siebenundsechzig Jahre und inzwischen im Ruhestand, ist angeklagt, eine schwerkranke Patientin »auf Verlangen« und durch »Unterlassung« getötet zu haben. Sie wollte sterben, sie hatte Tabletten geschluckt, eine absolut tödliche Dosis. Es war nicht ihr erster Versuch, das Leben, das sie quälte, selbst zu beenden. Ihr Arzt wusste davon. Doch es sei, so betont die Staatsanwältin in ihrem Anklagevortrag, seine menschliche und vor allem seine ärztliche Pflicht gewesen, die Frau nach dem begonnenen Suizid, als sie bewusstlos im Sterben lag, zu retten. Oder zumindest: Es zu versuchen. Er sah die Sterbende, stand an ihrem Bett, fühlte ihren Puls, vielleicht benetzte er auch ihre Lippen, als diese trocken wurden, strich ihr über das Haar – aber er rief keinen Rettungswagen. Er hatte versprochen, ihr in den letzten Stunden beizustehen. Das tat er. Auf die Art und Weise, wie Arzt und Patientin es vereinbart hatten. Nicht so, wie Staatsanwälte und Gerichte es per Gesetz eigentlich verlangen.

Die Geschichte hinter dieser Anklage ist eine sehr persönliche. Seit dreizehn Jahren betreute Dr. T. Anja D. bereits als Hausarzt. Er kannte ihre Krankengeschichte, erlebte Höhen und Tiefen mit, Hoffnungen und Depressionen. Er weiß um die Unerbittlichkeit eines chronischen Leidens. So lange es ging, machte er Anja D. Mut. Irgendwann ging es nicht mehr.

Einige Dutzend Zuhörer versammeln sich an jedem Verhandlungstag überpünktlich vor dem Saal. Jüngere, viele Ältere. Sie begrüßen einander, unterhalten sich leise in kleinen Gruppen. Manche tauschen sich über das Wetter, den herbeigesehnten Frühling aus, andere über ihr eigenes Befinden. Dazwischen geht es auch immer wieder um Dr. T. Einige kannten die Tote, die meisten aber waren einst selbst bei dem angeklagten Arzt in Behandlung. Es scheint, dass sie alle ihn mögen. Sie wenden sich ihm zu, wenn er, von seinen beiden Anwälten flankiert, in den Flur tritt, sie strecken Hände entgegen, nicken freundlich.

»Dr. T. ist ein sehr mitfühlender Arzt«, sagt eine dieser Besucherinnen, eine ehemalige Bibliothekarin, die keinen Tag im Gerichtssaal fehlt, in ein Mikro, das ihr entgegengehalten wird, »und wenn es mir einmal sehr schlecht gehen sollte, dann würde ich einem wie ihm vertrauen.« Ob sie von Sterbehilfe rede, will der Reporter wissen. »Das muss jeder für sich entscheiden und benennen«, antwortet sie fast diplomatisch, »aber ich verstehe, wenn ein Mensch nicht mehr leiden möchte. Ich würde das auch nicht wollen. Ich nenne das selbstbestimmtes Sterben. Doch wer kann einem da helfen, wenn nicht der Arzt?«

Auch das sind Themen, die das Gericht streift. Aber um ärztliche Sterbehilfe geht es hier nicht. Im juristischen Sinne beginnt diese, wenn im Sterbeprozess die lebenserhaltende medizinische Behandlung abgebrochen, beendet wird. Anja D., die Verstorbene, war aber nicht sterbenskrank und zudem erst vierundvierzig Jahre alt. Doch sie war todunglücklich, das bestätigen alle, die sie gut kannten. Seit einer Salmonellenvergiftung, die sie als Jugendliche erlitt, quälten sie Magen-Darm-Probleme, Durchfälle und Krämpfe.

Diagnostiziert wurde bei Anja D. »Morbus Crohn«, das äußerst schmerzhafte Reizdarmsyndrom. Fast dreißig Jahre schluckte Anja D. Unmengen an Medikamenten, versuchte fast alles, was Schulmedizin, Psychotherapie und alternative Heilmethoden hergeben. Sie konsultierte sogar indische Gurus und ließ sich fremden Darminhalt einsetzen. Nichts half. Ihr Tagesrhythmus gehorchte zunehmend allein ihrem Innenleben. Die Arbeit als Altenpflegerin musste sie schon vor Jahren aufgeben. Partnerschaften zerbrachen, weil sie die Belastung nicht aushielten. Von Reisen, Ausflügen, Einladungen zu Freunden oder gar Partys wagte Anja D. kaum mehr zu träumen. Gab es bessere Tage, dann versuchte sie, etwas zu unternehmen, sich zu verabreden, vergnügt zu sein. Aber die wurden immer weniger.

Und es gab sehr viele sehr schlimme Tage. Anja D. kann darüber nicht mehr sprechen, doch als Zeugen vor Gericht erzählen ihre engste Freundin und der Sohn davon. Einige Male hatte Anja D. bereits versucht, sich umzubringen, alles misslang. Einmal ließ ihre Mutter sie im letzten Moment ins Krankenhaus bringen. Nun sprach Anja davon, dass sie, wenn sie keine Hilfe fände, bis zum Äußersten gehen werde. »Und das Äußerste – das war für Anja nicht etwa der Tod«, berichtet die Freundin, »sondern der Weg dahin. Sie wollte sich vor einen Zug stürzen. Das meinte sie ernst. Bitterernst.«

An dem lange gereiften Todeswunsch der Verstorbenen hegen nicht einmal die Staatsanwältin und das Gericht Zweifel. Anja D. wollte sterben. Sie weihte ihren Arzt ein. Denjenigen, der zuvor viele ihrer Behandlungen begleitet hatte. Der allerdings auch wusste, dass sie noch zehn, zwanzig, dreißig Jahre würde leben können. An »Morbus Crohn« stirbt man nicht. Doch mit »Morbus Crohn« zu leben, ging zunehmend über ihre Kraft.

»Sie konnte einfach nicht mehr«, sagt der Arzt, Christoph T. »Sie bat mich um Hilfe, und ich gab sie ihr.«

Er verschrieb ihr die tödliche Überdosis des Medikaments mit dem Wirkstoff Phenobarbital, löste eines der Rezepte sogar selbst in der Apotheke ein und brachte ihr die Tabletten. Sie sprachen über die Wirkung. Über die Gefahr, das Medikament möglicherweise wieder zu erbrechen oder an Erbrochenem zu ersticken. Es gibt Mittel dagegen. Rückstände davon hatte Anja D. im Urin, als sie obduziert wurde. Man entdeckte eine Einstichstelle in der linken Armbeuge.

Hat sie, die Altenpflegerin, sich das MCP kurz vor der Tabletteneinnahme selbst injiziert – oder tat Dr. T. das nachher? Dieser Verdacht steht im Raum, aber er lässt sich nicht erhärten. Falls ja, räumt die Richterin später in ihrem Urteil ein, »wäre wohl auch das aus Fürsorge geschehen«.

In der ursprünglichen Anklage deutete gerade die Injektion auf T.s Schuld. Ebenso wie der Fakt, dass der Arzt seine Patientin im Sterbeprozess nicht allein ließ. An einem Samstag um 12.32 Uhr hatte er ihre letzte SMS erhalten: »Danke dir, alles geschluckt.« Anderthalb Stunden später stand er an ihrem Bett. Anja D. hatte ihm für exakt diesen Fall die Schlüssel überlassen. Sie lag tief bewusstlos da. Ruhig und auf dem Rücken. Er spürte ihren Atem. Und er ging wieder. Kam nachmittags zurück, abends, am nächsten Morgen. Am darauffolgenden Tag auch.

Erst am späten dritten Nachmittag nahte das Ende. Ärzte nennen es die präfinale Phase. Dr. T. rief Anjas

Mutter an, den Sohn, die Freundin. Auch das war verabredet. Er informierte die Angehörigen, bat sie aber, das Sterben zu akzeptieren.

Die Anklage sieht darin einen weiteren Beleg der »Unterlassung«. Denn nicht nur er selbst hätte es ja bewusst vermieden, einen Notarzt zu rufen. Er hielt auch die Angehörigen davon ab, Anja D. vielleicht doch noch zu retten. Wovor zu retten? »Ist es nicht gerade dann meine Pflicht, den Wunsch eines Sterbenden zu respektieren und für ihn zu sorgen, wenn er es allein nicht mehr vermag?«, insistiert Christoph T., als er mit dieser Sicht konfrontiert wird. Seine Anwälte argumentieren mit dem unbedingt zu beachtenden Willen, zum Beispiel in einer Patientenverfügung. Darin geht es ja explizit um den Moment, an dem der Sterbende nicht mehr selbst entscheiden kann. Was zählt dann sein ausdrücklicher Wunsch?

In der Nacht zum Dienstag stellt Dr. T. um 4.38 Uhr den Totenschein aus. Er kreuzt »natürliche Todesursache« an, vermerkt aber auch Nierenversagen und Tablettenintoxikation, Vergiftung. Neben dem Körper von Anja D. liegen Briefe an die Angehörigen und Tablettenschachteln. Christoph T. verändert nichts. Das bringt die Ermittlungen ins Rollen.

Weil dieser Fall, so außergewöhnlich er sein mag, doch eine Lebensrealität bedeutet, der kein Tabu gerecht wird, hört das Gericht fünf Tage lang Zeugen, Gutachter, den Angeklagten, seine Anwälte. Das Strafgesetz bedroht eine »Tötung auf Verlangen durch Unterlassen« mit Strafen, die bis zu fünf Jahren Haft reichen.

Am Ende wird Dr. Christoph T. von der 2. Großen Strafkammer des Berliner Landgerichts freigesprochen. »Anja D. wollte sterben, ganz bewusst und aus freiem Willen«, urteilt die Richterin. »Den Angeklagten trifft in diesem besonderen Fall nicht die Schuld eines Versagens. Er war bis zuletzt für seine Patientin da.«

Die Staatsanwaltschaft möchte das Thema höchstrichterlich klären lassen und legt Revision ein. So gerät schließlich der Bundesgerichtshof in die Pflicht – und er bestätigt das Urteil. Dr. T. sagt, ihm sei mit dem Freispruch »ein großer Stein vom Herzen gefallen«. Draußen vor der Tür klatschen die Besucher des Prozesses leise Beifall.

28. Ein Haus voller Schätze

Mehrmals drangen Einbrecher in dieselbe Villa ein, um Luxusgegenstände und Liebgewonnenes im Wert von einer halben Million Euro zu stehlen. Es gab keine Alarmanlage. Die Sachen waren nicht versichert. Warum auch?

Max I. gibt sich ungläubig. Gebannt hört er zu, wie die Staatsanwältin ihre Anklage verliest. Verwunderung streift sein kindliches Gesicht, als sie die Summe nennt, die das Diebesgut wert gewesen sein soll – mehr als eine halbe Million Euro. Im Gefängnis hatte er bereits sechs Monate lang Zeit, sich diesen Batzen Geld vorzustellen. Seine kleine Zwei-Zimmer-Wohnung war bis zuletzt das vollgestopfte, proppenvolle Lager für all das »Zeugs«, wie I. sagt, für das sich noch kein Käufer gefunden hatte. Polizeibeamte mussten mehrmals zur Durchsuchung vorfahren, ehe alles abtransportiert war.

Er muss also nicht überrascht schauen. Aber er beteuert, von seinem Kompagnon, dessen Namen er nicht nennen will, nur schlappe siebentausend Euro für die Beteiligung am Bruch bekommen zu haben. Kaum genug, um Schulden abzutragen und den täglichen Drogenbedarf zu finanzieren. Er, Max I., ahnte ja nicht, welchen Reichtum sie da aus dem Haus geschleppt hatten. Lediglich die Menge, das gibt er kleinlaut zu, die habe ihn schon beeindruckt.

Das gestohlene »Zeugs« ist der pure Luxus. Sammlerstücke und Antiquitäten, Kunstgegenstände und Designartikel, ganz persönliche Erinnerungen und Dinge von historischem Wert. Alles bunt gemischt. Selbst einfältigste Diebe können das Ganze unmöglich für Ramsch gehalten haben. Denn sonst wären sie wohl kaum das Risiko eingegangen, binnen weniger Wochen viermal hintereinander in jene Villa einzudringen, die ein Kosmopolit entwarf und von ihrem heutigen Besitzer sehr geduldig und detailverliebt saniert wird. Allein schon der eigenwillige Stil, die wie eine Lichterkette im Oval angeordneten Fenster des Obergeschosses und der moderne Anbau des Hauses sind Hingucker. Und erst die Innenausstattung! Liebhaber kreativen Wohnens geraten ins Schwärmen ob dieser gediegenen Mixtur musealer Moderne, die je nach Blickwinkel dem einen dezent, dem anderen dekadent scheinen mag.

Dass der Besitzer dieses Schmuckstücks durchaus als wohlhabend gelten kann, sollte sich eigentlich auch Max I. erschlossen haben, nachdem er einen ersten Blick in die Villa warf. Er war dazu auf einen Gartenstuhl geklettert, hatte sich am Sims des Vordaches hinaufgezogen und gewandt eines der oberen Fenster aufgehebelt. Schon standen sein Kumpel und er in der Galerie der Villa. Sie schauten zunächst nach handlichen Stücken, die sich in den Reisetaschen und Koffern verstauen ließen, die der Hausherr in aller Welt zusammengetragen hatte. Andenken, die er liebte und pflegte und die zumeist aus den Edelshops der Marken Louis Vuitton, Hermès oder Prada stammten.

Max I. und sein Kumpan nahmen auf ihrem Diebeszug scheinbar unsortiert mit, was ihnen ins Auge stach:

diverse Humidore und ein antikes Tintenfass, Designer-Brillen mit optischen Gläsern, lederne Uhrenetuis und limitierte Montblanc-Kugelschreiber, kleine Porsche-Modelle, ein glänzendes Stück Metall der Apollo-13-Kapsel, aber auch Gürtel, Winterstiefel und Smoking-Schuhe. Sie wilderten ungestört, denn die Welt da draußen feierte Weihnachten, das Haus stand leer, die Familie weilte in den Ferien, keine Alarmanlage störte. Nur ihre eigene Transportkapazität geriet an Grenzen. Sie kletterten auf dem gleichen Weg aus dem Haus, auf dem sie hineingekommen waren und deponierten das meiste der gestohlenen Wertgegenstände in I.s Wohnung. Der namenlose Mittäter, den Max I. seinen »Anstifter« nennt, nahm einige ausgewählte Stücke mit.

Doch das Haus barg noch weitere Schätze. Nun galt es, günstige Zeitpunkte abzupassen. Ostern zum Beispiel, denn die Eigentümer reisten gern. Ohnehin hatte sie sich nach dem Schock des Einbruchs erst einmal aus dem Gemäuer zurückgezogen. Die Kinder fürchteten sich. Was war mit dem Besitzer?

Ein elegant und etwas altmodisch gekleideter Endvierziger steht vor dem Gerichtsaal. Er muss auf seinen Zeugenaufruf warten. Seine Nervosität lässt ihn mehrmals an den Zettel neben der Tür treten, auf dem Details wie die geplanten Verhandlungstermine oder das Aktenzeichen der Strafsache stehen. Auch der Name des Angeklagten ist dort zu finden. Der Villeneigner kennt den Mann nicht, aber er weiß aus Berichten, dass es sich um einen vorbestraften 34-Jährigen handelt. Unter Umständen auch um eine Bande. Er erkundigt sich, ob der Angeklagte im Raum bleibt, wenn er aussagt. Ob er ihn sieht, ihn etwas fragen darf. »Es ist das erste Mal, dass ich mit der Justiz zu tun habe«, flüstert er fast schüchtern. Und ob es möglich sei, nicht unbedingt seinen Namen zu nennen, vielleicht nur die Initialen oder am besten etwas Verfremdetes? »Meine Familie leidet sehr unter dem Ganzen. Und wenn mich dann jemand googelt, die Villa findet, Geschäftspartner aushorcht. Ich bin ein gebranntes Kind, das verstehen Sie sicher …«

Der Geschädigte mag also Andreas K. oder Torben A. oder Richard T. heißen. Es ist bekannt, dass er lange im Ausland lebte, dort erfolgreich IT-Geschäfte betrieb, in Deutschland Start-up-Unternehmen coacht, illustre Managertitel trägt und sich seit langem als Kunstsammler und Galerist betätigt. Als Kind, so erzählt er, habe er begonnen, auf Flohmärkten nach ausgefallenen Dingen zu suchen, mit sechzehn restaurierte er seine erste Bauhaus-Lampe, seit er zwanzig sei zögen ihn Antiquitäten und Design nahezu magisch an. »Mein Haus ist voll davon – und mit jedem einzelnen Stück verbindet sich ein besonderer Moment. Ich lebe mit diesen Dingen.« Sie wärmten ihm das Herz, formuliert er an anderer Stelle. Dass ein »Jemand« sie nimmt, nur um schnöden Mammon damit zu machen – der Gedanke, so sagt er, sei ihm nie wirklich gekommen, da war er arglos. »Ich fühlte mich sicher.«

Der Richter, der bisher nur den Einbrecher Max I. beziehungsweise dessen Anwalt gehört hat, ruft nun den so bitter Bestohlenen herein. Er erklärt dem kunstsinnigen Geschäftsmann das Prozedere vor Gericht und bittet ihn, sich auf eine längere Dia-Show einzustellen: »Wir wollen Ihnen so ziemlich alle Gegenstände aus der Wohnung des Angeklagten zeigen, deren Herkunft teils ungeklärt ist, und Sie versuchen sich zu erinnern, ob es aus ihrem Besitz stammt. Können wir anfangen?« Der Villenbesitzer nickt. Die Technik streikt kurz, dann startet die Vorführung.

An die hundert Gegenstände sind fotografisch festgehalten. Diebesgut aus diversen Taten. Herr K. oder A. oder T. beweist ein vorzügliches Gedächtnis. »Meine Olympiamünze, Tokio 1964, eine besondere Prägung.« – »Oh ja, diese Schiebelehre ist eine Art Erbstück.« – »Ein solches Modellauto besaß ich auch, aber in Grün«. Dann folgt das Foto einer Porzellanfigur, die er ebenso wenig kennt wie jene Spieluhr vierzehn Positionen später. »Das ist ganz sicher nicht meins.« Dafür identifiziert er den Taufbecher, den er für seinen Sohn bei Tiffany & Co. in New York fertigen ließ, sowie eine Ledertasche, die es in dieser Ausführung »wohl keine zwanzig Mal auf der Welt gibt«.

Zu jedem Teil könnte der Sammler eine Geschichte erzählen. Er weiß, in welcher Galerie, auf welchem Basar oder in welcher Boutique in London, Shanghai oder Amsterdam er dieses oder jenes zu welchem Preis erwarb, wo er die Quittung aufbewahrt oder wer ihm was, wann und zu welchem Anlass schenkte. Mit jedem Stück, das er erkennt, wird sein Gesicht ein wenig heller. Das, was er sieht, ist gefunden. Bald darf er diese Dinge wieder an sich nehmen. Andere bleiben verschwunden, wie das schöne Gemälde des Achill. »Darüber bin ich sehr traurig«, sagt der Bestohlene.

Der Richter ist zufrieden mit so viel Aufklärung. Er honoriert das frühe Geständnis des Angeklagten mit einer Gefängnisstrafe, die knapp unter dreieinhalb Jahren liegt. Eines aber möchte er unbedingt noch verstehen. Nämlich die Sorglosigkeit, mit der der Villenbewohner sein Hab und Gut in Urlaubszeiten derart ungesichert zurückließ, dass dieselben Diebe gleich zweimal erfolgreich sein konnten und es dann noch ein drittes und viertes Mal versuchten. Denkt man bei so wertvollen Sachen nicht zuallererst an eine Alarmanlage? Oder sprang etwa die Versicherung ein?

»Es entspricht meinem Naturell, vor allem in Vertrauen zu setzen«, offenbart der bestohlene Geschäftsmann eine wohl eher selten anzutreffende Weltsicht, »und nach dem ersten Vorfall waren sich sogar die Ermittler einig, hier käme so schnell niemand ein zweites Mal her.« Max I. und sein Begleiter bewiesen das Gegenteil. Zu Ostern mit Erfolg und reicher Beute, keine drei Wochen später allerdings glücklos, denn die Gier war zu groß und das Fensterglas splitterte laut beim Einsteigen. Diesmal schlief der Besitzer im Haus. Er erwachte, schrie um Hilfe und verscheuchte die Diebe.

Auf die Pfingstfeiertage schließlich warteten Opfer und Polizei nicht mehr untätig. Und prompt stolperten Max I. und sein Kompagnon in die eigens für sie installierte »Täterfalle«. Die Technik löste stillen Alarm aus, die Beamten waren im Nu vor Ort. Max I. sah sich kurz darauf in Handschellen.

All die schönen Dinge, die die Einbrecher in der Villa erbeuten konnten, waren übrigens nicht versichert. Auch das passt irgendwie zu der Philosophie des Sammlers: »Wie soll eine Versicherung denn zum Beispiel den Wert eines ganz privaten Erinnerungsstücks berechnen? Wie die Signatur eines noch unbekannten Künstlers? Wie das haptische Glück, das für mich an einem Kaschmirschal hängt?«, wundert sich der Bestohlene über die Fragen des Gerichts. »Und wie, um alles in der Welt, könnte mich Geld über den Verlust hinwegtrösten?«

29. Eigentlich kein Paddelwetter

Das ausgeliehene Boot kommt nicht zurück. Wo bleiben die Ausflügler? Ist etwas passiert? Ein Kanuvermieter hat sich darüber keine Gedanken gemacht. Ist das strafbar?

Markus H. war ein Profi. Ein Kajakfahrer, der sich im Wildwasser auskennt. Der Rennen bestritt, reißende Flüsse in Italien, Montenegro, Spanien und Kanada bezwang und noch heute von der Isère in Frankreich schwärmt. Dann kam er in eine schwierige Lebensphase, er trank, mehr als es dem riskanten Sport in gefährlichen Gewässern zuträglich sein konnte. Er verunglückte, brach sich zwei Wirbel. Seine Wildwasserträume musste er begraben. Nach längerer Reha und einer freiwilligen Therapie fing er neu an, »ganz klein«, wie er sagt. Er betreibt nun einen Kanuverleih.

Genauer: Er betrieb ihn, bis sich an einem trüben Herbsttag letzten Jahres der fünfundzwanzigjährige Kai W. bei ihm ein Sportboot ausleiht, um seiner Verlobten die Hauptstadt vom Wasser aus zu zeigen. Der junge Mann, zugezogen aus Wolfsburg, hatte drei Wochen zuvor sein Medizinstudium in Berlin begonnen. Dorothee L., seine Freundin, besucht ihn zum ersten Mal in seiner WG. Beide gehen spazieren, bummeln durch den Zoo. Sie haben Karten für eine Stones-Cover-Band und die Idee, auf der Spree zum Müggelsee zu paddeln.

Markus H., der Kajakexperte, gibt ihnen eines seiner hellroten Boote. Er versichert sich, dass die beiden das

Metier beherrschen, verzichtet auf nähere Erklärungen und lässt die Rettungswesten, die er in seinem Materialraum, keine hundert Meter entfernt vom Einstieg aufbewahrt, dort, wo sie liegen. Das Wetter ist eher mies. Es beginnt zu nieseln, aber das Paar will dennoch unbedingt raus. Es ist mittags, kurz vor zwölf, als sie starten. Bis spätestens achtzehn Uhr erbittet Markus H. das Boot zurück. Als Pfand behält er den Autoschlüssel des Studenten.

Irgendwie bedauert er seine Kunden an diesem Tag sogar ein wenig, denn zu der grauen Nässe gesellt sich bald böiger Wind. Aber das muss schließlich jeder selbst wissen. Vielleicht sind die beiden ja ebenso wenig aus Zuckerwatte wie er selbst, hofft H. Der stämmige Glatzkopf vertreibt sich die Stunden bis zur ausgemachten Rückkehr des Pärchens mit Bürokram und Bootspflege. Fast zwei Stunden lang telefoniert er mit einem Kumpel, der gerade von einem Wildwasser-Event aus Tirol zurückgekehrt ist.

Abends will Markus H. zu einer Party. Bis kurz vor zwanzig Uhr wartet er auf den Kunden und das Boot, dann hinterlässt er seine Handynummer auf einem Zettel an der Tür des Verleihs, schreibt gnatzig, er tausche Autoschlüssel gegen Kanu, aber nicht mehr heute. Der Kunde könne sich gern morgen früh wieder bei ihm melden. Dazu kommt es nicht mehr. Der junge Mann, der sich das Boot lieh, stirbt noch an diesem Tag.

»Unterlassene Hilfeleistung« heißt der Vorwurf, der Markus H. nun auf die Anklagebank bringt. Ihn plagt das schlechte Gewissen, die Vorstellung, Kai W. könnte noch leben, wenn er ihm die Rettungsweste mitgegeben hätte. Diese Bilder des Ertrinkens, sagt H., begleiten ihn durch viele Träume. Er sei damals bei seinem Unfall auch minutenlang unter Wasser gewesen, ohne Orientierung, wie im Strudel. Doch er wurde gerettet. Kai W. nicht.

Ja, es war fahrlässig, dass er die Schwimmwesten nicht mit übergab. Das räumt H. auch selbst ein. Doch hier liegt der Fall anders. Kai W. ertrank nicht, weil das Boot kenterte und er sich nicht retten konnte. Kai W. war nach der anstrengenden Paddelei »zur Erholung« ins Wasser gesprungen. Das erzählt die Freundin. Die Gerichtsmedizin spricht von einem »Reflextod«, vom plötzlichen Versagen der Atmung durch einen Krampf im Kehlkopf beim Auftreffen auf das Wasser. Es ist ein Unglück. Irgendwie auch ein dramatischer Zufall. Eine Rettungsweste an Bord hätte nichts verhindert.

Aber dass Markus H. an jenem Abend, als niemand das Boot zurückbrachte, weder Polizei noch Wasserrettung oder Feuerwehr informierte, das muss er sich vorhalten lassen. Gemeinsam mit seiner Verteidigerin hat H. alles aufgeschrieben, woran er sich erinnert. Dass er eigentlich nur sauer war, dass das Pärchen so unzuverlässig war, ihn nicht wenigstens anrief und mitteilte, dass es bei dem miesen Wetter jetzt irgendwo am Ufer, im Trockenen, bliebe und das Kajak erst morgen zurückgäbe. So etwas passiert manchmal, sei ja auch kein Drama. »Aber Bescheid sagen, das kann man doch!« So dachte H. damals. Er fühlte sich im Stich gelassen. »In Sorge? Nein, in Sorge war ich nicht. Eine solche Idee kam mir leider überhaupt nicht.«

H.s Verteidigerin, eine sehr erfahrene Juristin und eigentlich auf schwer kriminelle jugendliche Straftäter spezialisiert, bittet das Gericht vorab um Beratung. Sie verweist noch einmal auf den Zettel, den Markus H. schrieb und an den Kanu-Container heftete. »Diese relativ spontan und verärgert geschriebenen Zeilen zeigen doch, dass mein Mandant davon überzeugt war, die beiden würden bald unversehrt vor seiner Tür auftauchen.« Diesem Argument kann das Gericht folgen und stellt das Verfahren ein. Markus H. arbeitet inzwischen in einem Spezialgeschäft – für Wanderer und Bergsteiger.

Der Bootsverleiher bleibt unbestraft. Hatte er Glück? Wann muss jemand Hilfe leisten, um – rechtlich – ohne Vorwurf zu bleiben? Wie konkret muss eine Gefahr erkennbar sein, um einzugreifen? Reicht eine Ahnung? Ruft man die Polizei, wenn irgendwo im Haus Schreie ertönen? Wenn ein Betrunkener auf der Parkbank liegt? Ist das »Nie hätte ich gedacht, dass etwas passieren könnte« eine Ausrede?

Über eine solche Schuld oder Nicht-Schuld muss jedes Gericht immer wieder neu und ganz individuell nachdenken. Bei ähnlichen Anklagen wegen unterlassener Hilfeleistung gibt es Freisprüche ebenso wie Geldstrafen, mitunter sogar Urteile, die bis zu einem Jahr Haft aussprechen.

Dass ein Wegschauen bestraft wird, erfuhren beispielsweise vier Kunden einer Bankfiliale in Essen, die im Schalterraum, gleich neben dem Geldautomaten, einen alten Herrn auf dem Boden liegen sahen und ihn allesamt überstiegen oder umrundeten, um ihre eigenen Bankgeschäfte zu erledigen. Der 83-Jährige war zuvor wie vom Blitz getroffen zur Seite gekippt. Er hatte versucht, sich aufzurappeln, stürzte aber wieder und schlug auf. Er hielt noch seine Kontoauszüge in der Hand. Eine Frau und drei Männer nahmen, nacheinander in der Bank eintreffend, keine Notiz von ihm. Sie kamen und gingen. Keiner beugte sich zu dem Sterbenden, keiner sprach ihn an. Erst ein fünfter Kunde griff endlich zum Handy. Da waren neunzehn Minuten vergangen.

Der Film einer Videokamera belegt das in klaren Bildern. Alle, die nicht halfen, berufen sich auf eigene Sorgen, eigene Gedanken. Sie sagen, sie hätten es eilig gehabt oder die Vermutung, der Mann schlafe. »Ein Obdachloser vielleicht …« Der Rentner Karl H. erlangte an jenem 3. Oktober das Bewusstsein nicht wieder und starb eine Woche später im Krankenhaus.

Mit großer Wahrscheinlichkeit – so ein Gutachten – hätte ihn auch ein früheres Eintreffen des Notarztes nicht retten können. Aber wie gleichgültig der Mann den Angeklagten war, das erschüttert den Essener Richter, der Geldstrafen bis zu dreitausendsechshundert Euro verhängt: »Keiner wollte Hilfe leisten.«

30. Eine harte Lektion

Was, wenn der Mann mit der geklauten Schnapsflasche hinten aus dem Laden rausgeworfen wird und vorn gleich wieder reinkommt? Die Mitarbeiter eines Supermarktes übten sich in Selbstjustiz.

Graue Schemen huschen über den Monitor. Ein Mann im dunklen T-Shirt schiebt eine Palette mit Bierkästen vorbei. Die Kamera erfasst einen langen Gang. Getränkevorräte und Abstellregale an den Wänden, links geht ein Raum ab, die Tür steht offen. Dann treten drei Männer ins Bild, auch sie nur etwas unklar zu erkennen. Zwei von ihnen zerren einen Dritten. Eine Faust schnellt vor, dann noch eine und noch eine. Die beiden äußeren Gestalten treten auf den am Boden Liegenden ein. Dann verschwinden sie im Nirwana, dorthin, wo die Kamera sie nicht mehr verfolgt.

Der Vorsitzende der verhandelnden Strafkammer fremdelt mit der Technik. Ein zweites Video läuft nicht recht. Er fährt vor und zurück, tippt wieder auf das Abspielsymbol auf seinem Laptop. Krisseliges Rauschen. Dann der nächste Spot. Derselbe Gang, eine ähnliche Situation. Diesmal hat ein Mann in einer Jacke mit Firmenlogo einen offenbar Fremden bereits in den abgeteilten Raum geschubst. Draußen auf dem Flur übt sich derweil ein Kumpel im Schattenboxen.

Die Szenen stammen aus einem Berliner Supermarkt und dienen in einem ungewöhnlichen Gerichtsprozess als Beweismittel. Gut ein Dutzend solcher Mitschnitte einer Überwachungskamera spielt der Richter vor. Die Angeklagten und ihre Anwälte, die Staatsanwältin, Beisitzer und Schöffen haben sich einen Platz im Saal gesucht, von dem aus sie die Bilder betrachten können. Immer wieder sehen sie Schläge und Tritte. Männer, die traktieren und Männer, die leiden. Alles direkt vor dem Kameraauge. Die, die schlagen und treten, sind Mitarbeiter des Geschäftes. Die, die am Boden liegen, ertappte Ladendiebe.

Unmissverständliche Worte spricht der Richter, bevor er die Aufzeichnungen startet. »Wir zeigen diese Bilder, damit wir alle einen Eindruck bekommen. Dann ...«, er stoppt seinen Satz und wendet sich an die drei Angeklagten, »dann haben Sie die Chance, ein Geständnis abzulegen. Unter Umständen ist dadurch eine Einigung möglich.« Er führt noch aus, was sein Angebot im Klartext heißt: Sogar derjenige, den die Bilder am stärksten belasten, darf auf eine Bewährungsstrafe hoffen, wenn er klar sagt, dass er gemeinsam mit den Anderen Ladendiebe auf eigene Faust geprügelt und verprügelt hat, sie mit Füßen trat und schwere Verletzungen in Kauf nahm. Aus Wut, aus Frust, aus Überforderung, selbstherrlich und selbstgerecht.

Die drei Angeklagten – Männer Anfang dreißig, kurzhaarig bis glatzköpfig, gut gebaut– schauen noch relativ unbeteiligt drein. Ihre Anwälte signalisieren, den Kompromiss verstanden zu haben. Nach Ansicht der Videos nicken auch die Schläger. Einer von ihnen, Peter S., ist in dem Markt sogar als stellvertretender Filialleiter angestellt. Er war es zum Zeitpunkt der Taten und ist es immer noch. »Der Markt ist meine Familie«, raunt er. Er gesteht als Erster.

Drei Jahre lang hatte er Zeit, darüber nachzudenken, wie er hier vor Gericht auftritt. Denn so lange liegen die meisten der aufgezeichneten Brutalitäten zurück. Es gab bereits vorher Übergriffe. Angezeigt wurden sie selten. Die Verprügelten sind keine Leute, die die Polizei rufen, denn zu oft hatten sie schon unfreiwillig Kontakt mit den Beamten, wurden wegen Ladendiebstahls verwarnt und aus Geschäften geworfen beziehungsweise angeklagt.

»Aber das half ja nicht!«, versucht sich Peter S. zu verteidigen, und seine Kollegen stimmen zu. »Für uns machte es keinen Sinn, immer wieder die Polizei zu rufen. Die kamen, nahmen Personalien auf, zuckten genervt die Schultern. Wir verwiesen die Diebe des Geschäfts oder schmissen sie hinten raus. Und vorne kamen sie wieder rein. Die nächste Flasche Schnaps im Visier. Da verliert man die Geduld!« Schnell setzt er hinzu: »Aber solche Gewalt, das hätte uns natürlich trotzdem nicht passieren dürfen. Heute tut uns das alles sehr, sehr leid!« Dieser Nachsatz ist wichtig. Ein Geständnis, das zu einer milderen Strafe führen soll, braucht nicht nur Erklärung, sondern auch Reue. Oder irgendetwas, das man dafür halten kann.

Es gibt in der Verhandlung also keine Zeugen, keine Opfer, nur die Bilder und die Sätze der Angeklagten. Und erschreckende Details, die sich aus beidem ergeben. Dass die Prügelattacken sehr wohl heftig, bösartig und sogar bewaffnet stattfanden. Denn um sich selbst nicht wehzutun und den Schlägen die maximale Wucht zu verleihen, streiften sich die Männer mit Quarzsand gefüllt Handschuhe über. Schwere Teile, die einen Geschlagenen schnell ausknocken. Auch wenn das Opfer schon am Boden lag, traten die Angeklagten ihm noch gegen den Kopf, in den Bauch, auf die Beine. Mitleid gab es keines. »Wir wollten uns diese ewigen Klauereien einfach nicht mehr gefallen lassen«, murmelt Peter S.

Einer der Ertappten überlebte die Schläge nicht. Eugeniu B., ein Moldawier, starb drei Tage nachdem er brutal aus dem Markt gejagt wurde. Auch er lebte ohne feste Bleibe in Berlin, ohne regelmäßige Arbeit. An einem Samstag im September 2016 versteckte er eine Flasche Chantré in seiner Jacke und verschwand Richtung Ausgang ohne zu bezahlen. Er mochte nicht mit leeren Händen zum Wochenendbesuch bei seiner Cousine erscheinen. Die Mitarbeiter besaßen aber längst einen Sinn für »ihre« Diebe und hatten E. entdeckt. Der etwas unübersichtliche Markt, der direkt in einem S- und Fernbahnhof liegt und dessen Umfeld als »schwieriges Viertel« gilt, zog Unbemittelte, Trinker und Hoffnungslose aller Art scheinbar magisch an.

Über Eugeniu B. weiß man wenig. Nur, dass er in Moldawien einen sechsjährigen Sohn hatte und hoffte, in Deutschland einen Job zu finden, der ihm Geld brächte. Pflanzen aufzuziehen und Blumen zu binden hatte er gelernt, als Florist in einer Ortschaft nahe der Hauptstadt gearbeitet, bis ihn dort niemand mehr brauchte.

Als Eugeniu B. an jenem Wochenende bei seiner Cousine klingelte, erschrak die heftig. »Eugenius Gesicht war verschwollen, das Auge ringsum blau angelaufen. Er kroch mehr, als er ging. Und er erzählte, er sei verprügelt worden wie ein Hund.« So beschreibt es die kleine, zierliche Frau. »Wir wollten einen Arzt rufen, aber Eugeniu besaß keine Krankenversicherung. Er duschte, wir aßen gemeinsam. Dann legte er sich hin, klagte über Kopfschmerz.« Am nächsten Morgen sah er noch schlimmer aus als am Vortag. Er hustete Blut und ahnte nun wohl selbst, dass er Hilfe brauchte. Nachmittags verließ er die Verwandten. Am Montag suchte er eine Arztpraxis auf, wurde vertröstet, er ging zurück auf die Straße und blieb irgendwann hilflos auf einer Parkbank liegen. Man brachte ihn in eine Klinik. Dort starb er.

Wegen des Todes von Eugeniu B. wurde 2017 der Leiter des Supermarktes verurteilt, in dem auch die diesmal Angeklagten arbeiten. Er selbst war es, der den Ladendieb so brutal misshandelt hatte. Auch er schlug mit Quarzsandhandschuhen zu und trat gegen den Körper. Als »Ordnungsgong« und »Lektion« umschrieben die Kollegen das Vorgehen ihres Chefs. Unklar blieb im Prozess, ob seine Attacke allein den Tod des Moldawiers verursachte oder möglicherweise bereits eine »Vorverletzung« vorlag. Das Gericht sah damals eine »Körperverletzung mit Todesfolge«, keinen Totschlag. Neununddreißig Monate Haft. Der Marktleiter durfte auf die erleichterte Variante mit Freigang hoffen. Aber seitdem standen auch all seine Mitarbeiter im Fokus der Öffentlichkeit und unter Beobachtung der Ermittler. Sie sagen nun, dass damit »ein Umdenken einsetzte«. Dass sie zutiefst bereuten, wie schäbig sie sich benahmen. Dass sie gelernt hätten, ihre Aggressionen zu beherrschen.

Das ist am Ende die Einsicht, mit der sich das Gericht arrangieren kann. Die Haftstrafen, die die begangenen Schlägereien und die handgreifliche Selbstjustiz ahnden sollen, liegen unterhalb der Schwelle von zwei Jahren und werden zur Bewährung ausgesetzt. Alle drei Angeklagten bleiben auf freiem Fuß und behalten ihren Job. Sie arbeiten weiter im Markt als Verkäufer, als Einräumer, als stellvertretender Filialleiter, in der »Familie«, von der Peter S. anfangs sprach. Der zuvor schon verurteilte Chef – der, der den Obdachlosen Eugeniu B. einst so hemmungslos zusammenschlug – ist übrigens sein Schwager.

31. Der Tod der Meerjungfrau

Die Chinesin Ping kam von Peking nach Potsdam, um ihren Liebeskummer zu vergessen. Neuer Mann, neues Glück. Nun liegt sie im Wachkoma, weil der sie erschlagen wollte.

Dreieinhalb Stunden lang redet Ronny H. Er spricht ohne Pausen, ohne dass seine Gedanken sich verirren, seine Worte sich verheddern. Er artikuliert kühl, pragmatisch, umstandslos. »Ich konnte diese Frau meinen Kindern als Mutter nicht länger zumuten. Es musste geschehen. Ich musste sie töten.«

Gemeint ist der frühe Abend des 29. Juli 2013. An diesem Tag stirbt seine Frau Ping, ohne dass sie das Leben verliert. Ronny H. hat mit einer Kurzhantel mindestens achtmal zugeschlagen. Er hat ihr das 16,5 kg schwere Eisenteil immer wieder mit Wucht von oben auf den Kopf geschmettert und war irritiert, als der erste Schlag ohne sichtbare Wirkung blieb. »Sie saß ganz aufrecht und schaute verwundert. Ich dachte, sie müsste doch umfallen, dieser Aufprall, der Schmerz, aber sie rührte sich nicht. Das konnte nicht sein. Das gab es nicht. Also machte ich weiter.«

Ronny H. weiß nicht genau, ob er die Hantel warf oder beim Zuschlagen in der Hand behielt. Er glaubt, er habe sie geworfen, also losgelassen und wieder aufgehoben. Zeugen, die das Geschehen von ihren Balkons aus oder hinter Fensterglas beobachtet hatten, sprechen von einer »runden« Bewegung, einem Ausholen mit langem Arm und einem Niederschmettern. Aber macht das wirklich einen Unterschied?

»Ja, ich wollte sie töten, ich musste sie töten«, betont Ronny H. emotionslos, ein Vierunddreißigjähriger mit hellen Augen und rötlich-blondem Haar, das seine Blässe noch hervorhebt. Akkurat liegen die Prozessunterlagen vor ihm, streng aneinander ausgerichtet, der Stift parallel daneben. »Ping, meine Frau, hat mich zu einem anderen gemacht, sie mit ihrem Chaos. Ich mag eigentlich alles sehr korrekt und harmonisch. Ich bin ein Gewissenhafter. Lieber still Probleme lösen, als Aufsehen erregen. Alles muss seine Ordnung haben. So bin ich erzogen.«

Dabei hat dieses »Chaos« ihn anfangs sogar angezogen, als er Ping D. 2001 kennenlernte. Ihm imponierte, wie sie aus Liebeskummer eines Tages einfach aus Peking nach Deutschland kam, ihrer chinesischen Uni den Rücken kehrte, um in Potsdam weiter zu studieren, ohne Sprachkenntnis, ohne Zulassungspapiere, ohne Bleibe. Vom Flughafen Tegel ließ sie sich im Taxi chauffieren und stand plötzlich vor dem Pförtner des Studentenwohnheims, bat um Einlass. »Henrik, ein Freund von mir, kam dazu, hörte, wie der Pförtner sie wegschicken wollte. Sie weinte, und er nahm sie mit zu sich. Weil ich damals schon eine eigene Wohnung hatte, sollte sie vorübergehend zu mir ziehen. Ich willigte ein, ohne irgendeine Absicht. Sie gefiel mir nicht einmal besonders, war ein bisschen zu pummelig. Ich kannte mich mit China auch nicht aus. Aber sie war freundlich und schutzbedürftig.

Sie fühle sich wie die kleine Meerjungfrau, hat sie einmal gesagt: von ihrer großen Liebe verlassen und allein auf der Welt. Das hat mich gerührt.«

Gerührt hat ihn wohl auch, wie Ping D. sich um ihn bemühte. Wie sie sich in die Sprache und seine Gewohnheiten einfand, wie sie ihn verwöhnen wollte und Dank zeigte. »Kochen und backen konnte sie eigentlich überhaupt nicht, aber sie versuchte, extra für mich irgendetwas zurechtzumixen, das asiatisch aussah. Das fand ich nett.« Und weil der zweiundzwanzigjährige Ronny H., Student im dritten Studienjahr, noch ohne größere Liebeserfahrung war, zog es ihn nach und nach in ihren Bann.

»Wenn sie etwas wollte, hat sie es einfach angefangen«, beschreibt Ronny H. die Wesensart der jungen Frau, die der seinen so wenig ähnelte. »Wie die Sache dann ausgeht, hat sie nie interessiert. ›Das findet sich schon‹, war ihr Motto.« Bei ihm jedoch siegte das Rationale: Sei doch nicht dumm, sagte er sich, sie mag dich, also nimm sie. Die Hochzeit folgte. Die gemeinsamen Kinder kamen 2002, 2004 und 2008 zur Welt.

Das alles könnte nach Zuneigung und Harmonie klingen, aber Ronny H. sieht das anders. Wenn er »meine Hölle« sagt, meint er seine Ehe. Und er erzählt den Richtern in aller Ausführlichkeit, wie sich das Drama aus seiner Sicht entwickelte. Wie dieser erste Fehler, »die Hochzeit«, das Verhängnis nach sich zog. »Ihr Lebensstil war so vollständig anders, er machte mich verrückt«, räumt er ein. »Alles drehte sich bei der nur ums Essen und frische Zutaten. Aber zu Hause verschlampte die Wohnung. Die Kinder brachte sie früh nicht pünktlich in die Kita, weil man morgens ja warm speisen müsse … Wegen solcher Dinge gab es ständig Ärger. Dazu diese Spontaneität. Nie hielt sie sich an Absprachen. Sie zickte rum. Und statt aufzuräumen, ging sie lieber einkaufen. Fuhr für frisches Fleisch und Gemüse nach Berlin, weil es ihr hier in der Nähe nicht gut genug war. Diese Ansprüche!«

Es gab in dieser multikulturellen und vor allem wohl emotional extrem konträren Beziehung ein ständiges Auf und Ab der Gefühle. Streit und Versöhnung, Schläge und Küsse, Wut und Selbstmitleid, Angst und Verachtung wechselten sich ab. Ronny H. sagt, er stürzte sich, als zu Hause nichts mehr lief, in seine Arbeit: in das Studium, das er 1998 an der Uni Potsdam begonnen hatte, »Geophysik, sehr anspruchsvoll«.

Immerhin sei er ja ein »Einser-Abiturient« gewesen. Da galt es eben auch, die Prüfungen mit bestem Ergebnis abzuschließen. Doch dazu kommt es nicht. Und wieder ist seine Frau Ping schuld. Sie kostet ihn Zeit und Nerven. Fühlt sich alleingelassen. Braucht mit den Kindern seine Unterstützung. Ronny H. lässt einen Prüfungstermin nach dem anderen verstreichen, vollendet die Diplomarbeit nicht, wechselt erst die Uni, dann das Fach – aber alles bleibt beim Alten. Er packt es nicht. Er ist ein Versager. Das kann er nicht zulassen, das gibt sein Selbstbild nicht her. »Ping hat mein Leben zerstört«, nur diese Ausrede gilt.

Nach vierzehn Jahren Studium und elf Jahren Ehe schlägt Ronny H. zu, nicht zum ersten Mal, aber diesmal so brutal und ohne Skrupel, dass es selbst erfahrene Kriminalisten schockiert. »Völlig gelassen und beherrscht öffnete er uns die Tür, zeigte auf seine reglose, blutüberströmte Frau«, erzählt ein Beamter, »und sagte: ›Nehmt mich mit. Ich habe es für meine Kinder getan.‹«

Hatten die Kinder unter Ping zu leiden? Zermürbten sie nicht vielmehr die ewigen Streitereien in der Familie? Das Hin und Her zwischen China und Deutschland? Das Sich-nicht-trennen-Können und Recht-haben-Müssen der Erwachsenen? Von einer Ferienreise zu den chinesischen Großeltern war Ping im Vorjahr monatelang nicht zurückgekehrt, weil sie das dortige Schulsystem und die Zukunftschancen der Kinder in China so viel besser fand. Der Vater daheim wurde nicht um seine Zustimmung gebeten, er kämpfte ja ohnehin gerade mal wieder mit seinen Studienabschlüssen. Also kam die Gattin dann nach eigenem Bekunden auch nur »vorübergehend« und lediglich mit den beiden Großen zurück. Die zweijährige Tochter blieb auf dem anderen Erdteil.

Ronny H. macht in seiner Aussage vor Gericht und selbst bei der Schilderung der Tat keine Pause, ein winziges Mal stockt seine Stimme, als er erzählt, wie sein sechsjähriger Sohn ihm die Brille vom Kopf riss, damit der Vater nicht weiter auf die Mutter einschlagen konnte, und mit der Brille weglief. Aber dieses Innehalten dauert keine halbe Minute. Dass die Kinder zusehen mussten, wie er seine Frau halbtot schlug, tue ihm zwar leid, sagt Ronny H., »aber es ging nicht anders. Das Fass war übergelaufen.«

Viermal hebt er die Hantel, wirft sie Ping an den Kopf, zerschmettert ihr den Schädel. Dann ruft er die Polizei an: »Hallo. Kommen Sie bitte. Ich habe meine Frau getötet.« – »Sind Sie sicher, dass sie tot ist?«, fragt die Einsatzzentrale zurück. – »Ich denke schon …«, murmelt der Anrufer, wendet sich, das Telefon am Ohr, seinem Opfer zu, um sich zu vergewissern. Ping atmet noch, er hört sie röcheln und kann das nicht fassen. »Es klang wie Hohn.« Wieder schlägt er mit der Hantel auf sie ein. Einmal, zweimal. Dann geht er ins Bad und wäscht sich die Hände. Dennoch scheint sie weiterzuleben. Er traktiert sie aufs Neue. Dann kann er nicht mehr. Er setzt sich in sein Arbeitszimmer und wartet.

»Sie haben nach dem Anruf weiter auf sie eingeschlagen?«, vergewissert sich ungläubig der Richter. »Ja, natürlich«, antwortet Ronny H., »ich konnte doch die Polizei nicht belügen.«

Als heimtückisch und mit unfassbarer Gefühlskälte ausgeführt, beschreibt das Gericht in seinem Urteil die Tat. Und obwohl der Angeklagte seine Frau Ping im medizinischen Sinne nicht getötet hat, so hat er ihr doch unwiderruflich das Leben genommen. Die junge Chinesin liegt im Wachkoma, und kein Arzt, der sie betreut, äußert auch nur die leiseste Hoffnung, dass sich ihr Zustand jemals bessern könnte.

Eine lebenslange Haftstrafe wegen versuchten Mordes wird gegen Ronny H. verhängt. Er muss zudem dreihunderttausend Euro Schmerzensgeld sowie eine monatliche Rente von fünfhundert Euro für Ping zahlen. Kein Wort findet das Gericht für die Zukunft der Kinder. Wer wird für sie sorgen? Wo werden sie leben? Getrennt oder gemeinsam im Heim? Einen einzigen Moment der Reue hatte Ronny H. im Prozess in Bezug auf seine mörderische Attacke, als er nämlich sagte, diese Konsequenz hätte er nicht bedacht, als er zuschlug: dass die Kinder ja nun allein seien. »Das war ein Fehler.«

Als Fehler sieht er nun aber auch das Urteil. Deshalb hat er Revision eingelegt und will eine neue Verhandlung. Diese Hoffnung stirbt, wie nach vier Jahren auch die junge Chinesin Ping. Im April 2017 bestätigt eine Klinik ihren Tod.

32. Heiß, viel zu heiß

Eine einundneunzigjährige Patientin stirbt in einem Heim, weil ihr Pfleger unachtsam war. Doch wie steht es um die Schuld der anderen?

Die Jeans hängen beinahe in den Kniekehlen, das blaue Hemd steckt eher nachlässig im Hosenbund, der Dreitagebart könnte auch ein Viertagebart sein. Sebastian F. gibt sich keine Mühe, seriöser zu wirken, als er mit seinen dreiunddreißig Jahren, bald drei kleinen Kindern und einem Job, der Tatkraft fordert, ist. Er hat auf dem Bau das Zupacken gelernt, war zwischendurch aber immer wieder arbeitslos. So wollte und konnte er seine Familie nicht versorgen. Er suchte etwas »Beständiges«, etwas »Nützliches«, wie er sagt. »Nein, viel verdienen kann ich auch als Pflegehelfer nicht«, bestätigt er der Richterin, die ihn zu seinen Lebensumständen, seinem Einkommen befragt. »Aber eintausendzweihundert Euro netto und eine Arbeit mit Menschen, bei der man weiß, was man macht, das ist schon okay.«

Diese Arbeit und dieses Einkommen hat Sebastian F. soeben wieder verloren, mitten im Prozess, der gegen ihn geführt wird. Seine Chefin hat ihm nach dem ersten Verhandlungstag das Kündigungsschreiben durch den Türschlitz gesteckt, noch bevor das Gericht sich darüber klar war, ob es den jungen Mann mit der stämmigen Figur und den hellen, freundlichen Augen verurteilen wird. Bei seiner Einstellung hatte er nichts von dem

Todesfall erzählt, den er an seinem vorherigen Arbeitsplatz verursacht haben soll. »Wer hätte mich denn genommen mit dieser Vorgeschichte?«

Nun las die Chefin davon in der Zeitung und reagierte blitzschnell. Darüber ist auch die Vorsitzende Richterin verwundert. »Gab es denn kein Gespräch? Keine Anhörung? Selbst im Falle eines Schuldspruches kommt es doch sehr auf die Umstände an, und die wollen wir erst einmal klären.«

Am 19. Juni 2013 starb die einundneunzigjährige Margarete W. an multiplem Organversagen im Berliner Unfallkrankenhaus Marzahn, wo sie wenige Tage zuvor aus einem Seniorenheim eingeliefert worden war. Sie wimmerte vor Schmerzen und hatte im Genitalbereich eine akute, handtellergroße Hautverbrennung, als sie auf die Station kam. Ein Arzt erinnerte sich später an eine Wunde, »die aussah, als hätte man Frau W. auf eine heiße Herdplatte gesetzt«.

Sie selbst konnte dazu nichts sagen, denn schon vor ihrer Einlieferung war Margarete W. eine gebrechliche alte Dame, hochgradig dement und hin- und hergerissen in ihren emotionalen Zuständen. »Mal küsste sie mich schon früh am Morgen und sagte, sie wolle mich heiraten, dann stieß sie mich weg und schrie, wenn ich sie nur berühren wollte«, erzählt Sebastian F. Seine Kollegen haben ganz ähnliche Erfahrungen gemacht. Demente Patienten zu betreuen, erfordert ein Höchstmaß an Erfahrung und Zuwendung, aber auch klare Regeln und größte Achtsamkeit. Nie kann der Betreuer ganz sicher sein, welche Reaktionen er auslöst, wie sich der verunsicherte, in seinem Umfeld nicht mehr orientierte Mensch verhält. Die Alzheimererkrankung von Margarete W. war weit fortgeschritten, sie hatte gute und schlechte Stunden. »Aber ich mochte sie. Eigentlich war sie meine Lieblingspatientin«, sagt der Angeklagte ohne Pathos. »Wir kamen gut klar miteinander, sie war ein lieber Mensch.«

Der Vorwurf, dass sie durch seine Hand starb, steht trotzdem im Raum. »Ich hätte mir dieses schreckliche Ende eines Fünf-Sekunden-Abduschens damals nie und nimmer vorstellen können«, beschreibt Sebastian F. den verhängnisvollen Nachmittag, an dem er gegen 16.00 Uhr den Dienst in der dritten Etage antrat. »Hier betreuen wir ausschließlich demente Patienten mit den unterschiedlichsten sonstigen Leiden. Die meisten müssen gewaschen und gewindelt werden.« Im Heim grassierte eine Darminfektion, und auch Frau W. hatte sich wieder eingemacht. »Sie war unruhig. Ich versuchte, sie auf die Toilette zu bringen, sie zu säubern«, erinnert sich Sebastian F., »aber der Po war schon ziemlich wund. Ich befürchtete, ihr mit dem Toilettenpapier wehzutun. Ich wollte sie abspülen, im Sitzen. Der Duschschlauch seitlich an der Wand reichte von der Länge her gerade so aus. Ich drehte das Wasser an, doch es erschien mir zu warm, es sollte ja angenehm sein. Also schob ich den Hebel ein Stück weiter nach rechts und brauste sie dann fix ab. Damit sie mir nicht vom Klo rutschte, musste ich sie festhalten. Sie jammerte ein wenig, aber das tat sie ja oft beim Waschen. Ich beeilte mich, es ging auch ganz schnell. Ich trocknete sie ab und brachte sie zurück ins Zimmer.« Dann war der nächste Patient dran.

Zehn demente, schwerstpflegebedürftige Menschen leben auf dieser anspruchsvollen Station in der dritten, obersten Etage des Heims. Am Morgen sind oft zwei Pflegehelfer, keineswegs ausgebildete Pfleger, für die Betreuung der Patienten zuständig, später am Tag und nachts nur einer allein. Mitarbeiter kann man hier ganz ohne Vorbildung werden. Sebastian F. beispielsweise wurde nach einer einwöchigen Anlernphase, ohne jedes pflegerische Basiswissen, eingestellt, weil er lernbegierig und einsatzbereit war, und weil es wie in fast allen Heimen an Geld und Personal mangelte.

Er sah dies als Chance. Für Margarete W. war es jedoch verhängnisvoll. Denn der Hebel der Duscharmatur, den Sebastian F. an jenem Tag betätigte, wies in die falsche Richtung. Durch ein Missachten der Anbaurichtlinien, von wem und wann auch immer verursacht, waren die Anschlüsse der Armatur vertauscht. Aus Richtung »blau«, also kalt, floss heißes Wasser, aus Richtung »rot« hingegen kaltes. Sebastian F. beteuert, er wusste das nicht. Und auch andere Pfleger können sich nicht erinnern, davon gehört zu haben. »Wir nutzen diese Dusche ja eher selten«, sagt eine Zeugin. »Ich wäre nicht auf den Gedanken gekommen, einer Patientin auf dem Klo den Po abzuduschen«, ergänzt eine zweite. Und die Leiterin der Einrichtung findet das sogar »unmöglich«. »So etwas macht man nicht. Und man lernt es in der Pflegeschule auch anders.«

Dass Sebastian S. keine Pflegeschule besuchte? Nebensache. Dass ein Bidet ähnlich funktioniert? Eine Ausrede. Und der Baupfusch? Tragisch, aber so etwas käme vor. Die Ausreden sind fadenscheinig. Die oberste Etage sei eben noch nicht dran gewesen beim Umbau und Modernisieren. Und auf die simple Idee, einen Temperaturstopp, ein Thermostat, in diesen sensiblen Bereich einzubauen, wäre man nicht gekommen.

Dass die Demenzstation immer irgendwie hintenan stand, wenn es um Ausstattung und Zuwendung ging, spricht keiner laut aus. Lieber hilft man sich mit Provisorien. Wenn zum Beispiel nachts eine Pflegekraft allein im Haus unterwegs ist, werden schon mal Sessel in die Lichtschranke des Lifts gestellt, damit kein ruhelos Umherwandernder ausreißen kann. Vor den Türen zum Treppenabgang kleben Bilder von Bücherregalen als Attrappen.

Bilder hat übrigens auch Hilfspfleger Sebastian F. auf seiner Station aufgenommen. Er hat sowohl die Betreuten als auch die Betreuer fotografiert. Und die Porträts dann aufgehängt. »So kann man sehen, wer wo wohnt, und die Patienten können sich vielleicht auch die Gesichter ihrer Pfleger besser merken. Frau W. hatte immer große Freude an den Fotos.«

Frau W. lebt nicht mehr. Sie starb wenige Wochen vor ihrem zweiundneunzigsten Geburtstag, weil Sebastian F. in einer konkreten Situation mit ihrer Pflege überfordert war und eine grundlegende Sorgfaltspflicht verletzte: Er überprüfte nicht noch einmal die Temperatur des Wasser, mit dem er seine Patientin wusch. Er verbrühte sie in einem ganz besonders empfindlichen Hautareal. Der Schock, den sie dadurch erlitt, brachte ihren schwachen Körper zum Kollabieren. Herz und Lunge, schwer vorgeschädigt, konnten diesen Ausnahmezustand nicht verkraften. Ein medizinisches Gutachten lässt daran kaum Zweifel. Inzwischen hat auch Sebastian F. diese, seine Schuld begriffen. »Aber wie kann ich wiedergutmachen, wenn nicht durch Helfen? Ich möchte wirklich gern in diesem Beruf weiterarbeiten.«

Die Richterin weiß, wie schwierig das wird, sie erklärt, dass die ausgesprochene Strafe – eine Geldstrafe von neunhundert Euro – im juristischen Sinne keine »Vorstrafe« sei, ihn dennoch empfindlich an sein Versagen erinnern soll. »Ja, es gab auch eine Verkettung unglücklicher Umstände. Aber das entschuldigt nichts. Zum Tod von Frau W. geführt hat Ihr falsches Handeln. Sie hatten Alternativen, Sie waren kein Galeerensklave. Nutzen Sie dieses Wissen. Wir wünschen Ihnen dabei viel Glück.«

33. Und dann lag da diese Geige

Erst als die Polizei sie festnahm, wurde zwei Dieben klar, welchen Schatz sie zuvor in ihren Händen hielten.

Die beiden kennen sich. Sie saßen sich schon einmal stundenlang gegenüber und hörten sich zu. Die Richterin dem Angeklagten, als er gestand. Der Angeklagte der Richterin, als sie ihn wegen mehrfachen Diebstahls in den Strafvollzug schickte. Das war vor vier Jahren. Aber sie könne sich nicht mehr an sein Gesicht erinnern, sagt die Richterin bedauernd. »Ich mich an Ihres auch nicht«, erwidert der Angeklagte trocken. Auf ein Neues also.

Wieder geht es um Diebstahl, und es folgt nun gleich die einundzwanzigste Verurteilung für den umtriebigen Berliner, der immer, wenn er nicht gerade im Arrest sitzt, Ausschau hält nach fremden Brieftaschen, iPhones oder Tablets, nach Dingen, die sich schnell stehlen und problemlos verticken lassen. Mal sind es zwanzig, mal fünfzig Euro, die er erlöst. Das reicht dann an guten Tagen für eine Portion Kokain, an schlechteren nur für zwei Bier und billigen Schnaps. Sein letzter aktenkundiger Coup war eine Tasche mit hochwertiger Kameratechnik, die der Fotograf einer Hochzeitsfeier etwas sorglos abgestellt hatte. Doch der Versuch misslang: der Dieb ging leer aus, nur sein Strafkonto wuchs.

Berthold S., einundvierzig Jahre alt, deutscher Staatsangehöriger, ledig, keine Kinder, keine Ausbildung, immer mal »in Maßnahmen«, wie er sagt, gibt sich reuig. »Ich versuche ja, von den Scheißdrogen wegzukommen, aber ich schaff' es nicht. Und dann fehlt das Geld ...« So auch an jenem Tag, als er in der Kneipe auf einen Kumpel traf, dem es ähnlich ging. »Ich fühlte mich Mist«, beschreibt Berthold S. seine damalige Laune und seinen Zustand. Ein Dealer hatte ihm gerade »so richtig schlechtes Zeugs« verkauft. Das Geld war weg, der Rausch verpufft. »Wir zogen also zusammen durch die Gegend und suchten nach einer Gelegenheit. War aber schwierig«, schimpft er halblaut, und es klingt trotzig. »Zuerst versuchten wir ein Fahrrad zu knacken, in einem Hof. Aber das Schloss ging nicht auf. Dann musste mein Kumpel auch noch dringend aufs Klo ...«

Da das nächstgelegene Gebäude mit unverschlossener Tür die Berliner Musikhochschule »Hanns Eisler« war, die mit einem ihrer Standorte im repräsentativen Marstall residiert, beschlossen die beiden, hier einzusteigen. Der Lift beförderte sie hoch zur dritte Etage. Der Kompagnon eilte auf die Toilette. So beginnt die Story, die S. nun erzählt. Er, der gelangweilt zurückblieb, äugte den Flur entlang in der Hoffnung, irgendwo ein offenes Zimmer zu finden. Es fand sich. Die Klinke zu Raum 304 gab nach. Über dem Stuhl im Zimmer hing eine Jacke, die er mit flinken Fingern filzte. Sogar das Portemonnaie des Jackenbesitzers steckte in der Tasche. Doch was er sah, enttäuschte bitter. »Wenn was drin gewesen wäre, hätte ich sie ja mitgehen lassen und wäre schnell verschwunden«, gibt der Kleinkriminelle bereitwillig zu. »Nicht mal ein Handy gab es zu holen. Doch auf dem Tisch lag da diese Geige …« Besser als nichts, mag sich Berthold S. gedacht haben und schnappte das Instrument. Der zweite Mann guckte ratlos, als er nach vollbrachtem Geschäft wieder auftauchte.

In Ermangelung eines passenden Etuis verstaute Berthold S. »das Ding« unter der Jacke. Eine Überwachungskamera auf der Baustelle am einstigen Schloss fing die beiden Passanten mit ihrer Beute ein. Auch am nahen S-Bahnhof spazierten sie arglos an der Aufzeichnungstechnik vorbei – die schwungvolle Schnecke des Instruments lugt gut sichtbar aus der halboffenen Jacke hervor. Später auf dem Heimweg im Zugabteil, wundert sich eine Frau über zwei Typen in wenig klassischem Outfit, die auf so ungewöhnliche Art eine Geige transportieren.

Dass sie in der S-Bahn ausgerechnet auf diese Frau treffen, wird den Geigendieben schlussendlich zum Verhängnis. Denn die Zeugin arbeitet – welch ein Zufall – genau in jener Institution, die sie kurz zuvor beklaut hatten. Als sie am Morgen darauf von dem Diebstahl in ihrer Musikhochschule erfährt und hört, um welch wertvolles altes Instrument es sich handelt, wird sie zur entscheidenden Zeugin der Kriminalpolizei. Aus ihren Eindrücken und Erinnerungen entsteht ein Phantombild, das die Richterin nun im Gerichtssaal hoch hält und mit dem Gesicht des Angeklagten vergleicht. Sie dreht es zu Berthold S. und nickt anerkennend: »Gut getroffen!«

Auch die Polizei, die die zur Fahndung Ausgerufenen Monate später bei einer neuerlichen Straftat erwischt, konfrontiert sie mit den Bildern. Beide gestehen. Aber sie beteuern unisono, im Traum nicht geahnt zu haben, was solch ein Instrument wert sein könnte. »Mit Technik und so, da kenne ich mich aus, da weiß ich, was ich kriege. Aber so 'ne Geige …«, S. kratzt sich den kahlen Hinterkopf, »das ist ja kein Mercedes-Stern oder Laptop.«

Zweihundertfünfzig Euro, so hoffte er damals, würde sie bringen. Er verhökerte sein Diebesgut noch am selben Abend in einer Spielhalle an einen Hehler, der ihm bekannt vorkam. Der drückte den Preis weiter auf zweihundert Euro runter. S. schluckte, aber willigte ein. Er teilte das Geld mit dem Komplizen und kaufte sich Stoff.

Die Geige verschwand dann aus seinem Gedächtnis – aber nicht nur aus dem: Sie ist bis heute verschollen, trotz weltweiter Suche. Denn genau genommen ist sie ein seltener Schatz, ist eine Violine von ähnlichem Ruf wie die Stücke des berühmten Stradivari. Der italienische Geigenbauer Nicolò Gagliano hatte sie 1769 in seiner Werkstatt in Neapel gefertigt. Zweieinhalb Jahrhunderte lang spielten Künstler auf diesem besonderen Instrument, das von der Deutschen Stiftung Musikleben zuletzt als eine Art Stipendium an einen preisgekrönten jungen Koreaner verliehen worden war, um seine Ausbildung zu fördern. Bei zertifizierten zweihundertfünfundsiebzigtausend Euro liegt der Wert der Violine. Berthold S. tauschte sie gegen eine Ration Koks. »Das ist echt zum Heulen«, wehklagt die Richterin, die sich ausmalt, »wie da jetzt irgendwer drauf rumkratzt.«

Es gibt eine Website der Orchestervereinigung DOV, die als gestohlen gemeldete Instrumente auflistet. Instrumente verschwinden bei Tourneen, auf Zugreisen, im Flugzeug, manchmal sogar von der Bühne. Piccoloflöten, Oboen, Fender-Bassgitarren, selbst Kontrabässe und Vibraphone sind dort verzeichnet. Auch die Berliner Gagliano-Violine ist auf der Website beschrieben. Mit etwas Glück finden die Ermittler vielleicht eines Tages den Hehler, der die Geige kaufte. Oder ein kundiger Interessent stößt auf das Angebot und stutzt. Leihhäuser, Fachgeschäfte und Antiquitätenhändler kennen die Liste ebenfalls und könnten reagieren. Noch besteht Hoffnung.

»Vielleicht spielt ja jemand in der U-Bahn damit«, sagt Berthold S. Es ist irgendwie auch in seinem Sinn, dass das schöne Stück mit der als »leberfleckartig« beschriebenen Maserung zurückkehrt. Den Schaden werden weder er noch sein Kumpan je wieder gutmachen können – es sei denn, sie finden die Geige. Erst einmal muss der Dieb Berthold S. jedoch wieder für zweieinhalb Jahre in Gewahrsam.

34. Die Angst bleibt

Mehr als zwei Jahrzehnte nach einer Serie von brutalen Vergewaltigungen steht der Täter vor Gericht. Die jungen Frauen, die er überfiel, glaubten längst nicht mehr daran, dass er je gefasst werden würde.

Nancy H. hat sich vorgenommen, mutig zu sein, ihm in die Augen zu schauen und auszusagen gegen Burkhard S., einen ihr und der Berliner Polizei ewig unbekannt gebliebenen Mann, der zwischen 1992 und 1996 im Ostteil der Stadt mindestens vier junge Frauen brutal vergewaltigt haben soll. So wie sie, die damals Vierzehnjährige. Er drang mit Tricks und Gewalt in die Wohnungen seiner Opfer ein, fesselte und strangulierte die Mädchen, bevor er sich an ihnen verging. Ihre Gesichter mochte er dabei nicht sehen. Er brachte deshalb eine Plastiktüte mit, die er den Frauen bei Bedarf über den Kopf zog.

Mehr als zwei Jahrzehnte ist das alles her, aber keine der damals so Misshandelten ist die Angst, die sie in jenen Momenten fühlte, je wirklich losgeworden. Mut, Wut und Tränen fließen nun zusammen. Nancy H. weint leise, als sie ihre Aussage beginnt, als sie erzählt, wie der bullige Mann, der im Herbst 1992 an der Tür der elterlichen Wohnung klingelte, ohne ein Wort zu sagen den Fuß in den Spalt stemmte, sie packte und über den Flur zurück ins Zimmer stieß. Bis zu diesem Moment war es ein normaler Vormittag an einem normalen Wochentag im November gewesen. Nun wurde es für sie die Hölle.

Vier Frauen um die Vierzig sind in diesem Fall die Opfer, die vor Gericht als Zeuginnen auftreten. Nancy H. war mit vierzehn Jahren die jüngste von ihnen. Knapp einundzwanzig Jahre alt waren die drei anderen, die Burkhard S. von Januar bis Mai 1996 auf die gleiche Art überfiel und malträtierte. Alle Frauen gingen zur Polizei und zeigten den Täter an. Ihre Beschreibungen, so vage sie auch ausfielen, ähnelten sich. Spuren ihres Vergewaltigers kamen in die Kriminaltechnik. Aber es gelang nicht, einen Verdächtigen zu fassen. Die Ermittlungen liefen ins Leere. Die innere Panik, die Albträume und die Ungewissheit bei den Frauen blieben.

Ob es zwischen der brutalen Attacke auf Nancy H. im November 1992 und den Taten des Jahres 1996 wirklich keine weiteren Vergewaltigungen und Übergriffe durch denselben Mann gab, weiß die Polizei – bis auf eine Ausnahme – nicht. Denn auf Burkhard S. als Täter stießen die Ermittler nicht, weil sie die alten Fälle wieder aufrollten, sondern weil Burkhard S. in jüngerer Vergangenheit seine anfangs neunjährige Stieftochter wieder und wieder sexuell missbraucht hatte. Keiner glaubte dem Kind, bis die Mutter es selbst sah. Im Mai 2015 wurde Burkhard S. zu sechs Jahren Haft verurteilt. Das gab einem Richter das Recht, S. eine DNA-Probe abnehmen zu lassen, sie in der Datenbank des Bundeskriminalamtes zu speichern und zu überprüfen.

Und kurz bevor die Tat gegen Nancy H. nach dem aktuell geltenden Strafrecht verjährt wäre, spuckte der

BKA-Computer in Wiesbaden dann tatsächlich Treffer aus. Genau dieser genetische Fingerabdruck passte zu fünf angezeigten Verbrechen aus schon weit zurückliegenden Jahren! Die damaligen Opfer wurden umgehend benachrichtigt und noch einmal befragt. Die Staatsanwaltschaft erhob, so schnell es ging, Anklage. Nur einer der fünf früheren Fälle war wirklich schon verjährt, vier schwere Vergewaltigungen werden spät, aber nicht zu spät, geahndet.

Burkhard S. gesteht. Erinnern, so behauptet er, könne er sich nicht mehr genau. Aber die Nylon-Damenstrumpfhose, mit denen er seine Opfer fesselte, »ja, die hatte ich immer dabei. Ich fuhr doch damals noch Trabi«, was heißt: Da brauchte ich das schmal in die Länge gezogene Teil als Keilriemenersatz für mein Auto. S. versucht ein dürres Lächeln. Es erstirbt unter dem Blick der Richterin.

Dass Burkhard S. zumindest pro forma ein Geständnis im Gerichtssaal ablegt, erspart den Frauen eine bis in Einzelheiten gehende Schilderung dessen, was ihnen angetan wurde. Sie müssen nicht im Detail berichten, wie er sich an ihnen verging, wie sie litten. Das Gericht möchte ihnen diese Erinnerung ersparen. Jede der Frauen hat in den Jahren seitdem versucht, mit dem Geschehen umzugehen.

Nancy H. glaubt, dass es ihr hilft, ihn als Gefangenen zu sehen, der nun gezwungen ist, mit anzuhören, was er tat. Der nun nicht ausweichen kann, sondern konfrontiert wird. Er hat keine Macht mehr über sie. Auf dieses Gefühl hat sie lange, lange warten müssen.

S. kauert in seiner schlaffen Masse versunken auf der Anklagebank. Er ist ein Berg des Elends, der wohl ahnt, dass das Gefängnis für eine kaum auszumalende Zeit seine Freiheit begräbt.

Der Sexualmediziner, der Burkhard S. in der Haft besucht, mit ihm spricht und ihn nun einschätzen soll, kann keine »günstige Prognose« geben. Weil die Taten aus den neunziger Jahren einem ganz klaren Muster folgen, das S. immer wieder benutzte, und weil die jüngste schwere Vergewaltigungsserie an der Stieftochter die früheren Verbrechen fortsetzt, sieht der Experte in dem sechsundfünfzigjährigen Angeklagten eine bleibende Gefahr. Das Gericht folgt dieser Sicht und verhängt eine neue Gesamtstrafe: zehn Jahre und sechs Monate Haft. Außerdem ordnet es die Unterbringung im Sicherheitsgewahrsam an. Dort wird Burkhard S. alt werden. Eine vorzeitige Entlassung ist so gut wie ausgeschlossen.

Nancy H. reist mit Mann und Kindern zurück in die Stadt, in der sie heute lebt. »Es hat damals nach der Vergewaltigung unendlich lange gedauert, bis ich wieder ein kleines bisschen Zutrauen fassen konnte zu Fremden«, erzählt die schmale Blonde mit den lustigen Löckchen im hochgesteckten Haar. Sie glaubt, sie hat es wieder, ihr Leben. »Aber ich hatte auch immer meine Familie und Freunde um mich, die mich zu schützen versuchten nach diesem schrecklichen Tag. Meine Eltern arbeiteten im Schichtsystem, damit ich nicht allein bleiben musste. Wenn ich irgendwohin wollte, holten mich Freundinnen ab und brachten mich nach Hause zurück. Dieses Gefühl, nicht alleine zu sein, war ganz wichtig für mich, obwohl es natürlich auch ein Schritt zurück war in meiner Selbstständigkeit. Ich besuchte die neunte Klasse. Es war mein erster Kontakt mit einem Mann – und dann so brutal …« Nancys Eltern gestalteten die Wohnung und das Zimmer, in dem es geschah, um. Das Mädchen verbrachte nach dem Überfall längere Zeit bei ihren Großeltern, um auch räumlich Abstand zu gewinnen.

»Herr S. würde sich gern bei der Zeugin entschuldigen«, erhebt seine Anwältin leise die Stimme. Sie ist zaghaft. Sie weiß, dass eine solche Geste ihrem Mandanten sehr wohl helfen kann. Sie ahnt aber auch, dass es hier keine passende Entschuldigung gibt. Burkhard S. stemmt sich aus seinem Stuhl und setzt langsam den schweren Körper in Bewegung, bereit zu sagen, wie leid ihm alles tut. Nancy H. verneint still und schüttelt den Kopf.

35. Die Achtundzwanzigste Verordnung

Foxterrier Skipper hatte sich in einem Dachsbau verfangen, die Feuerwehr musste ihn retten. Das wurde teuer.

Liebe Hundehalterinnen und Hundehalter! Dies ist eine Warnung. Meiden Sie öffentliche Straßen, Parks und Wälder mit Ihrem vierbeinigen Gefährten. Das Leben da draußen ist zu gefährlich für so ein Tier. Nein, Pardon! Das Tier ist einfach zu gefährlich für die Welt da draußen. Es ist schließlich unberechenbar in seinem Wesen. Und wenn dann der Jagdtrieb über den Hund kommt, ist der einfach mal weg.

Wie Skipper, der neunjährige, fast weiße Foxterrier mit den hellbraunen Flecken im Fell, der seiner Familie bei einem Spaziergang im Wald abhanden kam, als er sich samt Leine losriss, um einen Dachsbau zu erobern. Skipper, der sonst aufs Wort hört, verirrt sich in den Tiefen der unterirdischen Gänge. Die Leine, die er hinter sich herzieht, verfängt sich irgendwo und lässt ihn nicht mehr los. Der Mann und das Kind, die nun ohne Skipper dastehen und verzweifelt rufen, hören unter der Erde zwar noch sein Winseln und Bellen, aber finden können sie ihn nicht.

Es ist ein Herbsttag im November. Die Dunkelheit kommt schnell. Kurz nach 18.00 Uhr weiß sich »Herrchen« nicht mehr anders zu helfen, als die Feuerwehr zu rufen. »Tier in Not« ist ein Signal, das die Retter durchaus zur Eile treibt. Da werden entflogene Papageien von der Dachrinne geholt, Entenfamilien über die Straße geleitet, Katzen aus dem Geäst hoher Bäume gerettet. Der Leguan, der sich in der Kanalisation verkriecht, bekommt ebenso Hilfe wie das Pony, das die Böschung hinab in den Fluss stürzt.

Also rückt auch die Freiwillige Feuerwehr in großer Besatzung aus, um nach Skipper zu suchen. Man bemüht sich mit allen Kräften, aber abends, im Wald und unter der Erde fällt die Ortung des Hundes nicht leicht. Nach zwei Stunden vergeblichen Rufens und Grabens trifft der Einsatzleiter der Zentrale vor Ort ein. Er sondiert die Lage und fordert Verstärkung an. Spaziergänger verfolgen das Geschehen. Es wird spannend. Zwei weitere Tanklöschzüge rollen an.

Inzwischen sind dreiundzwanzig Männer mit Geräten und schwerer Technik vor Ort, um den Hund zu bergen. Doch die schwere Technik hilft nicht weiter. Der Terrier hat sich in seinem Übermut an keinen Weg gehalten – und der Dachs beim Anlegen seines Baus ebenfalls nicht. Die Löschfahrzeuge kommen nicht in den Wald. Der Boden ist weich, das Gelände unwegsam. Zu Fuß stapfen die Helfer durchs Unterholz. Sie müssen per Hand schippen. Ein paar Leute bauen Lampen auf. Andere schauen zu, unterstützen mit Hinweisen und Anteilnahme. »Manche haben sich da gelangweilt«, wird es später heißen.

Der Einsatzleiter, ein Brandamtsrat, verteidigt den Großeinsatz: »Selbst wenn nur vier, fünf Männer gleichzeitig an einer Stelle graben konnten, so musste doch auch der Aushub hinter ihnen weggeräumt werden. Und sie brauchten immer wieder eine Ablösung. Wissen Sie, was das für eine anstrengende Arbeit ist?« Er wirkt ungehalten, weil er sich noch im Nachhinein für die von ihm angeordnete, fast achtstündige Rettungsaktion verantworten muss. Dafür, dass die Berliner Feuerwehr in jener Nacht keine Mühe scheute, Skipper wohlbehalten zurückzugeben. Um 1.33 Uhr war es soweit. Der Dachsbau war auf einer Fläche von fünfzig Quadratmetern und in eine Tiefe bis gut dreieinhalb Meter umgepflügt. Der Dachs vertrieben, der Hund gerettet.

Doch nun klagt Almut B., die Hundebesitzerin, eine Tierärztin, die Skipper an jenem Abend nicht einmal selbst ausführte, gegen die Feuerwehr: 13.143,15 Euro soll sie für die nächtliche Buddelei bezahlen. So sieht es die geltende »Achtundzwanzigste Verordnung zur Änderung der Feuerwehrbenutzungsgebührenordnung« vor. Für ein Löschfahrzeug werden je angefangene Minute seines Einsatzes 4,70 Euro berechnet, für den Feuerwehrmann 0,71 Cent. Auch je angefangene Minute. Das summiert sich.

»Ich bin den Männern bis heute wirklich dankbar für ihre Mühe, habe auch eine Haftpflichtversicherung für den Hund, die kleinere Schäden abdeckt, und will mich nicht drücken. Aber dreizehntausend Euro – das ist wirklich jenseits von Gut und Böse. Dieser Aufwand, der da berechnet wurde, sprengt doch alle Grenzen. Warum muss ich bezahlen, was die Feuerwehr auffährt?«, empört sich die zierliche Frau mit den lustigen braunen Kringellöckchen. Sie hat Widerspruch gegen den Kostenbescheid eingelegt. Die Feuerwehr ließ den Berliner Senat, ihren Dienstherren, die Rechnung noch einmal überprüfen. Vielleicht kam der Feuerwehr die Summe ja selbst etwas übertrieben vor, aber der Betrag wurde bestätigt und der Widerspruch von Frau B. abgewiesen.

Deshalb muss sich das Berliner Verwaltungsgericht der Sache annehmen. Es prüft die Gesetzeslage: Ist Frau B. die Halterin? Ja. – Ist die Feuerwehr berechtigt, Kosten für einen Bergungseinsatz einzuziehen? Ja. – Auch in dieser Höhe? Jein. Vielleicht. Vielleicht auch nicht. – Ist der § 833 BGB auf Skippers Verschwinden anzuwenden? Die sogenannte »Gefährdungshaftung«, der auch die Betreiber von Kraftfahrzeugen, Eisenbahnunternehmen, Kernkraftwerken und chemischen Anlagen unterliegen? Das ist eine Vorschrift, nach der jemand für einen Schaden eintritt, an dem er selbst gar keine Schuld trägt, aber die »Anlage«, eine »erlaubte Gefahr«, versagte.

Ist Skipper solch eine »Anlage«? Ja, irgendwie schon. Im juristischen Sinne zumindest dann, wenn es sich um ein »Luxustier« handelt, ein Accessoire sozusagen, eine Liebhaberei, einen Familienhund eben. Es gibt Urteile des Bundesgerichtshofes, die diese Sicht stützen. Aber: Gab es überhaupt einen »Schaden«?

»Frau B., wollen Sie es wirklich darauf ankommen lassen, das genauer klären zu lassen? Von einer oberen Instanz? Ich kann Ihnen da nicht viel Hoffnung machen«, sagt der Vorsitzende Richter, und es scheint beinahe, als würde er das bedauern. Aber er kennt die

Rechtsprechung. »Frau B., überlegen Sie sich das gut. Ich muss Sie auf das Kostenrisiko hinweisen. Wollen Sie nicht lieber auf eine Einigung setzen?«, fragt er behutsam. Da sind im Gerichtssaal bereits zwei Stunden lang alle Argumente Für und Wider die Kostenrechnung der Feuerwehr ausgetauscht worden.

Der Anwalt von Almut B. ist ein Mann mit festen Prinzipien: »Ich würde diesen Bescheid nicht akzeptieren und die Summe nicht zahlen. Sie ist viel zu hoch. Einfach unangemessen!«, begehrt er auf. Er moniert noch einmal, dass statt der vier großen Stativleuchten, die über einen Generator betrieben wurden, vielleicht auch ein paar herkömmliche Taschenlampen gereicht hätten, um zumindest den Weg zur Suchstelle zu erhellen. Dass die Feuerwehr zusätzliche Schippen und Spaten sicher auch schneller und kostengünstiger mit einem VW-Bus statt mit schweren Tanklöschzügen in den Wald hätte bringen können. Und warum alle dreiundzwanzig Leute über die gesamte Zeit – Zeit ist Geld – dort ausharren mussten, wenn doch maximal acht bis zehn Männer mit dem Graben beschäftigt waren und das Technische Hilfswerk auch noch anrückte. Das, ergänzt er, habe übrigens noch keine Rechnung gestellt.

Die Feuerwehr hält dagegen. Ihr Brandamtsrat und seine Kollegin aus der Rechtsabteilung rechnen jede Einsatzminute genau vor. Kleinere Transporter sind in den Vorschriften nicht vorgesehen. Die Reserve an Leuten war nötig, da keiner wusste, wie lang die Nacht wird. Und überzählige Löschfahrzeuge zurückzuschicken zur Wache, ohne Spaten und Besatzung, das sei

Unsinn. »Die wären ja komplett unbrauchbar gewesen im Fall eines Falles«, erklärt der Einsatzleiter.

Der Richter wiegt zweifelnd den Kopf. So ganz überzeugt ihn dieser große Bahnhof nicht. Aber er war nicht vor Ort. Er ist kein Feuerwehr-Experte. Er musste die Verantwortung nicht tragen. Also versucht er, beiden Parteien einen Kompromiss ans Herz zu legen: Die Feuerwehr verzichtet auf die Berechnung eines der vier großen Fahrzeuge samt Besatzung, weil diese Kräfte vielleicht wirklich nicht vonnöten waren – und Frau B. akzeptiert eine auf zehntausend Euro reduzierte Kostenbeteiligung. »Können Sie damit leben?«, fragt er. Die Feuerwehr rechnet, Almut B. nickt zaghaft, ihr Anwalt poltert. Doch schließlich stimmen alle zu.

»Würden Sie wieder die Feuerwehr rufen, wenn Skipper in Not ist?«, will ein Fernsehteam nach Ende der Verhandlung von Almut B. wissen. Tapfer antwortete sie: »Ja, natürlich. Der Hund gehört doch zur Familie.« Aber die Leine, da ist sie sich sicher, die muss ab.

36. Reine Geldverschwendung

Ein Mann bestellt sich eine Prostituierte ins Haus, die er kaum bezahlen kann. Als sie angeblich ihre »Dienste« nicht erbringt, besteht er auf »Lohnminderung«.

Für den Polizeibeamten Thomas F. ist es ein eher ungewöhnlicher Einsatz, der ihn nach einer heißen Augustnacht morgens um 5.30 Uhr ruft, um den Streit zwischen einer Prostituierten und ihrem Kunden zu schlichten. Die beiden können sich über die Bezahlung nicht einigen. Er besteht darauf, sie schulde ihm Geld, weil sie ihre Dienste nicht so erbracht habe, wie verabredet. Sie beschuldigt ihn, ihr im Streit zweihundert Euro aus der Handtasche geklaut zu haben und gewalttätig geworden zu sein, als sie es zurückforderte. Er spricht von mindestens einer halben Stunde Liebeszeit, die sie ihm vorenthalten habe. Ins Bad sei sie gegangen und »ewig nicht rausgekommen«. Sie räumt ein vorfristiges Ende von höchstens zehn Minuten ein. »Aber was kann man denn mit zehn Minuten noch anfangen? Warum macht er darum so ein Gewese?«

Der Polizist ist ratlos. Er nimmt beide Aussagen auf, so gut er sie versteht, denn die junge Frau, die sich beraubt fühlt, ist eine neunzehnjährige Bulgarin, die zwar schon seit zwei, drei Jahren, wie sie sagt, in Deutschland lebt, aber verständigen kann sie sich nicht allzu gut. Außerdem weint sie und ist aufgeregt. Ja, zweihundert Euro habe der Mann an sich genommen, den vollen Lohn für zwei Stunden. Das sei doch so was von ungerecht! Er, der Kunde, ist bockig und stur und beharrt auf seinem »Lohnminderungsrecht«. Zwanzig Euro seien, als sie ihre Sachen an sich nahm, aus ihrer Handtasche gefallen. Die habe er aufgehoben und einbehalten. Die ständen ihm zu, daran lässt er keinen Zweifel. Wer nicht arbeitet, kann auch nichts einnehmen. Und zwanzig Euro seien eine Menge Geld, auf jeden Fall für ihn, der Hartz IV bezieht und sich gelegentlich beim Garagenbau oder anderen Hilfsarbeiten hundert Euro im Monat dazuverdient. »Mehr kann die Firma nicht zahlen.«

Eigentlich wollte er ja mal Kunstgeschichte und Philosophie studieren, aber das sei eine andere Sache, die stünde hier nicht zur Debatte. Immerhin arbeite er und wisse, wie schwer sich Geld verdient. »Eine Prostituierte ist für einen wie mich eigentlich reine Geldverschwendung«, seufzt er, »aber manchmal, wie an diesem schönen Abend, braucht man eben doch jemanden bei sich. Braucht Nähe. Und bis dahin war auch alles sehr harmonisch.«

Es war in dieser Nacht übrigens schon die zweite Runde für Marcel M. mit der jungen Frau. Er hatte sie über einen Escortservice bestellt, absprachegemäß für zwei Stunden zweihundert Euro entrichtet. Weil sie ihm so gut gefiel und beide bestens miteinander auskamen, hatte er verlängern wollen. »Nein, das darf ich leider nicht«, bedauerte Velissa I. Das ginge nur über den üblichen Geschäftsweg. Sie müsse jetzt los, aber er könne ja gern ihren Chef anrufen. Dann käme sie vielleicht wieder.

Also rief er an. Er orderte die Prostituierte ein zweites Mal, lief schnell zum Geldautomaten, um noch einmal zweihundert Euro zu holen – soll die Miete doch warten! – und öffnete Velissa I. eine Stunde später erneut die Tür. »Wir tranken zusammen Kaffee, unterhielten uns ein paar Minuten, und dann waren wir wieder im Bett. Nur leider diesmal nicht so lange …« Von nun an steht Aussage gegen Aussage.

Nun muss sich ein Amtsgericht mit dem Fall beschäftigen. Die Anklage lautet auf Raub. Der Kunde habe seiner Dienstleisterin das Geld mit Gewalt weggenommen, seine körperliche Überlegenheit ausgenutzt, ihr auch noch das Handy entrissen, als sie Hilfe holen wollte. Dieser Vorwurf könnte durchaus eine Haftstrafe nach sich ziehen. Das wissen sowohl Zeugin als auch Angeklagter. Beide bleiben bei ihren Darstellungen. Alles war ganz genau so, wie damals dem Polizisten erzählt.

Nur ist Marcel M., der Kunde, heute nicht mehr so unnachgiebig wie in jener Nacht und lenkt immerhin ein, dass es zwar sein gutes Recht gewesen sei, die heruntergefallenen zwanzig Euro zu behalten, dass er es aber nie wieder machen würde, da er nun weiß, welch Ärger da dräuen könnte.

Und sie, die junge Prostituierte, kann sich endlich angemessen verständlich machen, weil sie einen Dolmetscher dabei hat – einen älteren Herrn, der mit Eifer und Leidenschaft in ihre Rolle schlüpft. Er verkörpert, wie sie sich gefühlt haben muss, und er improvisiert zu ihren Worten, was vor sich ging: Wie der Angeklagte ihre

Tasche an sich zog, das Portemonnaie entwendete, wie er ihr das Telefon aus der Hand schlug, sie fast nackt, nur in Slip und T-Shirt, vor die Tür setzte. Kaum, dass sie ihre Jeans noch greifen konnte.

So vital geht es selten in einem Gerichtssaal zu. Velissa I. gibt ihm den Stoff, und der Dolmetscher lässt darstellerisch die Geldscheine rieseln, das Handy klingeln, Schläge auf einen Arm klatschen. »Nein, nein«, bremst Velissa I. nun doch, »geschlagen hat er mich nicht, eher geschubst und geschoben. Es hat nicht wehgetan, und ich hatte auch keinen blauen Fleck oder so was. Trotzdem geht man mit Mädchen nicht so um.«

Das ist ihr Credo, und allein darum geht es ihr. Ob zwanzig oder zweihundert Euro, »das ist mir eigentlich nicht so wichtig«, erklärt sie dem Gericht, »darüber will ich nicht streiten, auch wenn es zweihundert waren. Aber Prostitution ist ein ordentlicher Beruf, da will man auch vernünftig behandelt werden. Da darf man keine Angst haben müssen. Und ich hatte Angst!«

Ja, das mit der Angst, glauben ihr die Richter. Vor allem, als die Situation eskalierte, als sie zum Handy griff und Hilfe erbat von ihrem Fahrer, der draußen vor der Tür stand. »Hol die Polizei, es gibt ein Problem«, konnte sie noch rufen, dann hatte ihr Marcel M. das Mobilteil entwunden. »Was wusste ich denn, wie ihr Zuhälter drauf ist, ob der hier alles kurz und klein haut«, verteidigt er sich. »Ich wollte keinen Ärger. Ich wollte nur, dass sie verschwindet.«

Der Fahrer rief die Polizei, alles Weitere ist bekannt. »Ich habe ihr wirklich keine zweihundert Euro abgenommen«, fügt M. noch hinzu, »die Polizei hätte meine ganze Wohnung kopfstellen können, sie hätte nur die zwanzig gefunden, die aus ihrer Tasche fielen. Ich hatte keinen Cent mehr. Woher denn?«

Der Chauffeur ist nicht Velissas Zuhälter, auch er ist nur angestellt. Und er bestätigt auf Nachfragen der Richterin, dass er nach diesem ganzen Spektakel, so, wie es bei ihnen üblich sei, von der jungen Frau zur Abrechnung genau passend das Geld erhalten habe, das sie von ihren Einnahmen an den Escortservice weitergeben musste: siebzig Euro für die erste Stunde, vierzig für die zweite.

So bleibt vom Vorwurf des Raubs am Ende nichts übrig. Das Gericht verurteilt den arbeitslosen Freier wegen des Entreißens des Handys und wegen Nötigung zu achthundert Euro Geldstrafe. Ansonsten: Freispruch.